वसंत

भाग 2

कक्षा 7 के लिए हिंदी की पाठ्यपुस्तक

0750

राष्ट्रीय शैक्षिक अनुसंधान और प्रशिक्षण परिषद्
NATIONAL COUNCIL OF EDUCATIONAL RESEARCH AND TRAINING

750 – वसंत (भाग 2)
कक्षा 7 के लिए पाठ्यपुस्तक

ISBN 81-7450-704-3

प्रथम संस्करण
मार्च 2007 चैत्र 1928

पुनर्मुद्रण
अक्तूबर 2007, दिसंबर 2008, दिसंबर 2009, नवंबर 2010, जनवरी 2012, अक्तूबर 2012, अक्तूबर 2013, नवम्बर 2014, दिसंबर 2015, दिसंबर 2016, नवंबर 2017, दिसंबर 2018, अगस्त 2019, जनवरी 2021, जुलाई 2021 और नवंबर 2021

संशोधित संस्करण
अक्तूबर 2022 कार्तिक 1944

पुनर्मुद्रण
मार्च 2024 चैत्र 1946

PD 300T SU

₹ 65.00

एन.सी.ई.आर.टी. वॉटरमार्क 80 जी.एस.एम. पेपर पर मुद्रित।

प्रकाशन प्रभाग में सचिव, राष्ट्रीय शैक्षिक अनुसंधान और प्रशिक्षण परिषद्, श्री अरविंद मार्ग, नई दिल्ली 110 016 द्वारा प्रकाशित तथा अमर उजाला लिमिटेड, सी-21, सैक्टर-59, नोएडा - 201 301 (उ.प्र.) द्वारा मुद्रित।

एन. सी. ई. आर. टी. के प्रकाशन प्रभाग के कार्यालय

एन.सी.ई.आर.टी. कैंपस
श्री अरविंद मार्ग
नयी दिल्ली 110 016 फोन : 011-26562708

108, 100 फीट रोड
हेली एक्सटेंशन, होस्डेकेरे
बनाशंकरी III इस्टेज
बैंगलूरु 560 085 फोन : 080-26725740

नवजीवन ट्रस्ट भवन
डाकघर नवजीवन
अहमदाबाद 380 014 फोन : 079-27541446

सी.डब्ल्यू.सी. कैंपस
निकट: धनकल बस स्टॉप पनिहटी
कोलकाता 700 114 फोन : 033-25530454

सी.डब्ल्यू.सी. कॉम्प्लैक्स
मालीगांव
गुवाहाटी 781 021 फोन : 0361-2674869

प्रकाशन सहयोग

अध्यक्ष, प्रकाशन प्रभाग : *अनूप कुमार राजपूत*
मुख्य संपादक : *श्वेता उप्पल*
मुख्य उत्पादन अधिकारी : *अरुण चितकारा*
मुख्य व्यापार प्रबंधक (प्रभारी) : *अमिताभ कुमार*
संपादक : *मीरा कांत*
सहायक उत्पादन अधिकारी : *राजेश पिप्पल*

आवरण
अरविंदर चावला

सज्जा
अरविंदर चावला
जोएल गिल

चित्रांकन
भूषण शालिग्राम
विप्लव शशि
जोएल गिल

आमुख

राष्ट्रीय पाठ्यचर्या की रूपरेखा (2005) सुझाती है कि बच्चों के स्कूली जीवन को बाहर के जीवन से जोड़ा जाना चाहिए। यह सिद्धांत किताबी ज्ञान की उस विरासत के विपरीत है जिसके प्रभाववश हमारी व्यवस्था आज तक स्कूल और घर के बीच अंतराल बनाए हुए है। नयी राष्ट्रीय पाठ्यचर्या पर आधारित पाठ्यक्रम और पाठ्यपुस्तकें इस बुनियादी विचार पर अमल करने का प्रयास है। इस प्रयास में हर विषय को एक मज़बूत दीवार से घेर देने और जानकारी को रटा देने की प्रवृत्ति का विरोध शामिल है। आशा है कि ये कदम हमें राष्ट्रीय शिक्षा नीति (1986) में वर्णित बाल-केंद्रित व्यवस्था की दिशा में काफ़ी दूर तक ले जाएँगे।

इस प्रयत्न की सफलता अब इस बात पर निर्भर है कि स्कूलों के प्राचार्य और अध्यापक बच्चों को कल्पनाशील गतिविधियों और सवालों की मदद से सीखने और सीखने के दौरान अपने अनुभव पर विचार करने का कितना अवसर देते हैं। हमें यह मानना होगा कि यदि जगह, समय और आज़ादी दी जाए तो बच्चे बड़ों द्वारा सौंपी गई सूचना-सामग्री से जुड़कर और जूझकर नए ज्ञान का सृजन करते हैं। शिक्षा के विविध साधनों एवं स्रोतों की अनदेखी किए जाने का प्रमुख कारण पाठ्यपुस्तक को परीक्षा का एकमात्र आधार बनाने की प्रवृत्ति है। सर्जना और पहल को विकसित करने के लिए ज़रूरी है कि हम बच्चों को सीखने की प्रक्रिया में पूरा भागीदार मानें और बनाएँ, उन्हें ज्ञान की निर्धारित खुराक का ग्राहक मानना छोड़ दें।

यह उद्देश्य स्कूल की दैनिक ज़िंदगी और कार्यशैली में काफ़ी फेरबदल की माँग करते हैं। दैनिक समय-सारणी में लचीलापन उतना ही ज़रूरी है, जितना वार्षिक कैलेंडर के अमल में चुस्ती, जिससे शिक्षण के लिए नियत दिनों की संख्या हकीकत बन सके। शिक्षण और मूल्यांकन की विधियाँ भी इस बात को

तय करेंगी कि यह पाठ्यपुस्तक स्कूल में बच्चों के जीवन को मानसिक दबाव तथा बोरियत की जगह खुशी का अनुभव बनाने में कितनी प्रभावी सिद्ध होती है। बोझ की समस्या से निपटने के लिए पाठ्यक्रम निर्माताओं ने विभिन्न चरणों में ज्ञान का पुनर्निर्धारण करते समय बच्चों के मनोविज्ञान एवं अध्यापन के लिए उपलब्ध समय का ध्यान रखने की पहले से अधिक सचेत कोशिश की है। इस कोशिश को और गहराने के यत्न में यह पाठ्यपुस्तक सोच-विचार और विस्मय, छोटे समूहों में बातचीत एवं बहस और हाथ से की जाने वाली गतिविधियों को प्राथमिकता देती है।

एन.सी.ई.आर.टी. इस पुस्तक की रचना के लिए बनाई गई पाठ्यपुस्तक निर्माण समिति के परिश्रम के लिए कृतज्ञता व्यक्त करती है। परिषद् भाषा सलाहकार समिति के अध्यक्ष प्रोफ़ेसर नामवर सिंह और इस पुस्तक के मुख्य सलाहकार प्रोफ़ेसर पुरुषोत्तम अग्रवाल की विशेष आभारी है। इस पाठ्यपुस्तक के विकास में कई शिक्षकों ने योगदान किया, इस योगदान को संभव बनाने के लिए हम उनके प्राचार्यों के आभारी हैं। हम उन सभी संस्थाओं और संगठनों के प्रति कृतज्ञ हैं जिन्होंने अपने संसाधनों, सामग्री तथा सहयोगियों की मदद लेने में हमें उदारतापूर्वक सहयोग दिया। हम माध्यमिक एवं उच्च शिक्षा विभाग, मानव संसाधन विकास मंत्रालय द्वारा प्रोफ़ेसर मृणाल मीरी एवं प्रोफ़ेसर जी.पी. देशपांडे की अध्यक्षता में गठित निगरानी समिति (मॉनिटरिंग कमेटी) के सदस्यों को अपना मूल्यवान समय और सहयोग देने के लिए धन्यवाद देते हैं। व्यवस्थागत सुधारों और अपने प्रकाशनों में निरंतर निखार लाने के प्रति समर्पित एन.सी.ई.आर.टी. टिप्पणियों एवं सुझावों का स्वागत करेगी जिनसे भावी संशोधनों में मदद ली जा सके।

निदेशक
राष्ट्रीय शैक्षिक अनुसंधान और
प्रशिक्षण परिषद्

नयी दिल्ली
20 नवंबर 2006

पाठ्यपुस्तकों में पाठ्य सामग्री का पुनर्संयोजन

कोविड-19 महामारी को देखते हुए, विद्यार्थियों के ऊपर से पाठ्य सामग्री का बोझ कम करना अनिवार्य है। *राष्ट्रीय शिक्षा नीति, 2020* में भी विद्यार्थियों के लिए पाठ्य सामग्री का बोझ कम करने और रचनात्मक नज़रिए से अनुभवात्मक अधिगम के अवसर प्रदान करने पर ज़ोर दिया गया है। इस पृष्ठभूमि में, राष्ट्रीय शैक्षिक अनुसंधान और प्रशिक्षण परिषद् ने सभी कक्षाओं में पाठ्यपुस्तकों को पुनर्संयोजित करने की शुरुआत की है। इस प्रक्रिया में रा.शै.अ.प्र.प. द्वारा पहले से ही विकसित कक्षावार सीखने के प्रतिफलों को ध्यान में रखा गया है।

पाठ्य सामग्रियों के पुनर्संयोजन में निम्नलिखित बिंदुओं को ध्यान में रखा गया है–

- स्कूली शिक्षा के विभिन्न स्तरों की पाठ्यपुस्तकों एवं पूरक पाठ्यपुस्तकों में समान विधाओं का समायोजन;
- भाषायी दक्षता के लिए सीखने के प्रतिफलों की प्राप्ति संबंधी विषय वस्तु की उपस्थिति;
- कोविड महामारी से पैदा परिस्थितियों को ध्यान में रखते हुए पाठ्यक्रम-बोझ और परीक्षा तनाव को कम करना;
- विद्यार्थियों के लिए सहज रूप से सुलभ पाठ्य सामग्री का होना, जिसे शिक्षकों के अधिक हस्तक्षेप के बिना, वे खुद से या सहपाठियों के साथ पारस्परिक रूप से सीख सकते हों;
- वर्तमान संदर्भ में अप्रासंगिक सामग्री का होना।

वर्तमान संस्करण, ऊपर दिए गए परिवर्तनों को शामिल करते हुए तैयार किया गया पुनर्संयोजित संस्करण है।

पाठ्यपुस्तक निर्माण समिति

अध्यक्ष, भाषा सलाहकार समिति

नामवर सिंह, *पूर्व अध्यक्ष,* भारतीय भाषा केंद्र, जे.एन.यू., नयी दिल्ली

मुख्य सलाहकार

पुरुषोत्तम अग्रवाल, *प्रोफ़ेसर,* भारतीय भाषा केंद्र, जे.एन.यू., नयी दिल्ली

मुख्य समन्वयक

रामजन्म शर्मा, *प्रोफ़ेसर एवं अध्यक्ष,* भाषा विभाग, एन.सी.ई.आर.टी., नयी दिल्ली

सदस्य

कमलानंद झा, हिंदी विभाग, सी.एन. कॉलेज, दरभंगा, बिहार

करुणा शर्मा, *पूर्व पी.जी.टी.* (हिंदी), ई-68, ईस्ट अंसारी नगर, एम्स, नयी दिल्ली

नूतन झा, *अध्यापिका,* मीरांबिका स्कूल, नयी दिल्ली

प्रभात कुमार झा, अंकुर, सर्वप्रिय विहार, नयी दिल्ली

प्रेमपाल शर्मा, 96 कला विहार, मयूर विहार, फ़ेज़-1, दिल्ली

मुकुल प्रियदर्शिनी, *प्राध्यापिका,* मिरांडा हाउस, दिल्ली विश्वविद्यालय, दिल्ली

राम गोपाल वर्मा, डी.पी.एस., आर.के.पुरम्, नयी दिल्ली

रामचंद्र, *वरिष्ठ प्रवक्ता* (हिंदी), भारतीय भाषा केंद्र, जे.एन.यू., नयी दिल्ली

सुशील शुक्ल, एकलव्य, अरेरा कालोनी, भोपाल, मध्य प्रदेश

सदस्य समन्वयक

प्रमोद कुमार दुबे, *प्रवक्ता,* भाषा विभाग, एन.सी.ई.आर.टी., नयी दिल्ली

आभार

इस पुस्तक के निर्माण में जिन लेखकों और कवियों की रचनाओं को सम्मिलित किया गया है, उसके लिए उन साहित्यकारों और प्रकाशन-संस्थाओं तथा अकादमिक सहयोग के लिए शारदा कुमारी और नीलकंठ के प्रति परिषद् आभार व्यक्त करती है।

इसके निर्माण में तकनीकी सहयोग के लिए परिषद् कंप्यूटर स्टेशन (भाषा विभाग) के *प्रभारी* परशराम कौशिक; *डी.टी.पी. ऑपरेटर* जय प्रकाश राय, कमलेश आर्य, सचिन कुमार, कमल कुमार और अरविंद शर्मा; *कॉपी एडीटर* राम जी तिवारी और सुप्रिया गुप्ता तथा *प्रूफ़ रीडर* आशीष मणि त्रिपाठी, कंचन शर्मा और अनामिका गोविल की आभारी है।

परिषद् इस संस्करण के पुनर्संयोजन के लिए पाठ्यक्रमों, पाठ्यपुस्तकों एवं विषय सामग्री के विश्लेषण हेतु दिए गए महत्वपूर्ण सहयोग के लिए पाठ्यचर्या समूह द्वारा गठित की गई समीक्षा समिति में भाषा शिक्षा विभाग के हिंदी संकाय सदस्यों तथा सी.बी.एस.ई. के प्रतिनिधियों के प्रति आभार व्यक्त करती है।

शिक्षक से

यह पाठ्यपुस्तक राष्ट्रीय पाठ्यचर्या की रूपरेखा (2005) के आधार पर तैयार किए गए पाठ्यक्रम पर आधारित है। यह पारंपरिक भाषा-शिक्षण की कई सीमाओं से आगे जाती है। राष्ट्रीय पाठ्यचर्या की नयी रूपरेखा भाषा को विद्यार्थी के व्यक्तित्व का सबसे समृद्ध संसाधन मानते हुए उसे पाठ्यक्रम के हर विषय से जोड़कर देखती है। इस नाते पाठ्यसामग्री का चयन और अभ्यासों में विद्यार्थी के भाषायी विकास की समग्रता को ध्यान में रखा गया है। कई प्रश्न-अभ्यास भाषा शिक्षण की परिचित परिधि से बाहर जाकर प्रकृति, समाज, विज्ञान, इतिहास आदि में विद्यार्थी की जिज्ञासा को नए आयाम देते हैं। पाठ केंद्रित प्रश्नों को क्रमशः विस्तार देते हुए पाठ के आसपास के ज्ञान-क्षेत्रों को भी दूसरे प्रश्न-समूहों में साथ रखने का प्रयास किया गया है। भाषा की बात करते हुए ऐसे शब्दों और प्रयोगों पर विद्यार्थी का ध्यान दिलाया गया है जिन्हें समाज की जीवंतता को साहित्यिक कृतियों में समेटते हुए साहित्यकार अपनी कृति में रखना आवश्यक समझते हैं और अकसर ऐसे आंचलिक शब्द और वाक्य प्रयोग आज के शहरी जीवन में अपेक्षाकृत कम सुनाई पड़ते हैं।

नयी कविता से पठन-पाठन का रिश्ता जोड़ने का प्रयास किया है। कई बार शिक्षकों में भी पारंपरिक शैक्षणिक पैमाने की दृष्टि के कारण नयी कविता को कुछ अटपटा मानने की प्रवृत्ति रही है। इससे साहित्य की समग्रता के प्रति विद्यार्थी की रुचि को बढ़ाने में हम सफल नहीं हो पाते। नयी कविता को पाठ्यपुस्तक में स्थान देते हुए कविता के सामान्य अर्थ को खोलने का प्रयास किया गया है और प्रश्न भी इस अंदाज़ से रखे गए हैं कि कविता से विद्यार्थी जुड़ सके। अंततः कोई भी भाषा-पुस्तक तभी सफल मानी जाएगी जब वह बच्चों को साहित्य की धरोहर और आज लिखे जा रहे साहित्य के प्रति भी उत्सुक बनाए।

हिंदी के प्रचलित विभिन्न रूप और उसकी बोलियाँ भी इसकी धरोहर का अंग हैं और उस लोक का निर्माण करती हैं जिसमें हिंदी फलती-फूलती रही है। विभिन्न पाठों में यत्र-तत्र प्रयोग में आए हिंदी के प्रचलित रूपों और बोलियों का ज्ञान संसाधन के रूप में शिक्षक इस्तेमाल करें और बच्चों को भी इसके प्रयोग के लिए प्रेरित करें तो हिंदी की इस विस्तृत लोक निधि के प्रति आदर और उत्साह का संस्कार विकसित होगा।

इस पाठ्यपुस्तक में **बहुभाषिकता** की झलक अनेक रूपों में मिलती है। भाषा वैज्ञानिक दृष्टि से सरल रूप में तैयार किए गए प्रश्न विद्यार्थी को उत्सुक कर सकेंगे। शब्दों के मूल न केवल शब्दों के अर्थ को खोलते हैं, बल्कि विभिन्न भाषाओं के आपसी संबंधों को भी दिखाते हैं। संधिविच्छेद आदि के द्वारा शब्दों के मूलरूप या धातु के ज्ञान से शब्द परिवार और शब्द के विभिन्न अर्थों की जानकारी मिलती है। साथ ही विभिन्न भाषाओं के आपसी संबंध और निकटता का भी पता चलता है। पाठ्यपुस्तक में ही **व्याकरण** की समझ उत्पन्न करने के लिए इससे संबंधित अभ्यास दिए गए हैं, इसलिए अलग से व्याकरण की कोई पुस्तक नहीं दी जा रही है। आशा है ऐसे अभ्यासों के द्वारा विद्यार्थियों में भाषायी समझ विकसित होगी और बिना रटे ही उनमें भाषायी कौशलों का विकास होगा।

इसे ध्यान में रखकर इस किताब में विद्यार्थी की **स्वाभाविक अभिव्यक्ति**, **कल्पनाशीलता**, **कौशल** और **सोच** को आसपास के परिवेश में ही विकसित करने हेतु विद्यार्थी की सृजनशील गतिविधियों को बढ़ावा देनेवाले अभ्यास दिए गए हैं। **अनुमान और कल्पना** तथा **कुछ करने को** भी इसी उद्देश्य से दिए गए हैं। विद्यार्थी शिक्षकों के सहयोग से अतिरिक्त अभ्यासों को पूरा कर सकते हैं। कुछ सामग्रियाँ **केवल पढ़ने के लिए** दी गई हैं जो कहीं तो पाठ के विषय को पोषित करती हैं और कहीं रचना की विविधता प्रस्तुत कर विद्यार्थी की रुचि का विस्तार करती हैं। **फूले कदंब**, **फेरीवालों की आवाज़ें** आदि इसी के नमूने हैं। शिक्षकों से आशा है कि वे पाठ्यपुस्तक के उद्देश्यों की प्राप्ति के लिए विद्यार्थियों का उचित मार्ग-दर्शन करेंगे। अपनी ओर से भी कुछ अभ्यास-कार्य व आवश्यक गतिविधियाँ स्वयं करवाएँगे।

राष्ट्रीय पाठ्यचर्या की नयी रूपरेखा में हाथों से की जानेवाली गतिविधियों, उसकी कला संबंधी दक्षता व रुचि को प्रोत्साहित करने तथा कक्षा के बाहर का जीवन-जगत कक्षा में लाने एवं उसे चर्चा का विषय बनाने की आवश्यकता पर बल दिया गया है।

पाठ्यपुस्तक के प्रति विद्यार्थी के अपनेपन को और सघन बनाने के लिए पाठों के अतिरिक्त कुछ रोचक सामग्रियाँ दी गई हैं। इसी तरह पाठों के साथ विद्यार्थी की जानकारी और जिज्ञासा को बढ़ाने वाली सामग्रियाँ भी रखी गई हैं। इन पाठ्यसामग्रियों का अंतर्संबंध अन्य शैक्षिक विषयों से बनता है और इनसे विद्यार्थी के संबंधित ज्ञान में वृद्धि होती है। ❒

पाठ-सूची

आमुख iii

पाठ्यपुस्तकों में पाठ्य सामग्री का पुनर्संयोजन v

शिक्षक से ix

1. **हम पंछी उन्मुक्त गगन के** — ***कविता*** — 1
   शिवमंगल सिंह 'सुमन'

2. **हिमालय की बेटियाँ** — ***निबंध*** — 4
   नागार्जुन

   फूले कदंब *(केवल पढ़ने के लिए)* — 10
   नागार्जुन

3. **कठपुतली** — ***कविता*** — 11
   भवानीप्रसाद मिश्र

4. **मिठाईवाला** — ***कहानी*** — 14
   भगवतीप्रसाद वाजपेयी

   फेरीवालों की आवाज़ें *(केवल पढ़ने के लिए)* — 24

5. **पापा खो गए** — ***नाटक (मराठी)*** — 26
   विजय तेंदुलकर

6. **शाम–एक किसान** — ***कविता*** — 47
   सर्वेश्वरदयाल सक्सेना

7. **अपूर्व अनुभव** — ***संस्मरण (जापानी)*** — 51
   तेत्सुको कुरियानागी

8. **रहीम के दोहे** — ***कविता*** — 59
   रहीम

9.	**एक तिनका**	*कविता*	62
	अयोध्या सिंह उपाध्याय 'हरिऔध'		
10.	**खानपान की बदलती तसवीर**	*निबंध*	65
	प्रयाग शुक्ल		
11.	**नीलकंठ**	*रेखाचित्र*	71
	महादेवी वर्मा		
12.	**भोर और बरखा**	*कविता*	82
	मीरा बाई		
13.	**वीर कुँवर सिंह**	*जीवनी*	85
	विभागीय		
14.	**संघर्ष के कारण मैं तुनुकमिज़ाज हो गया: धनराज**	*साक्षात्कार*	92
	विनीता पाण्डेय		
	हमारी ख्वाहिश *(केवल पढ़ने के लिए)*		98
	रामप्रसाद 'बिस्मिल'		
15.	**आश्रम का अनुमानित व्यय**	*लेखा-जोखा*	99
	मोहनदास करमचंद गांधी		
	शब्दकोश		104

0750CH01

हम पंछी उन्मुक्त गगन के 1

हम पंछी उन्मुक्त गगन के
पिंजरबद्ध न गा पाएँगे,
कनक-तीलियों से टकराकर
पुलकित पंख टूट जाएँगे।

हम बहता जल पीनेवाले
मर जाएँगे भूखे-प्यासे,
कहीं भली है कटुक निबौरी
कनक-कटोरी की मैदा से।

स्वर्ण-शृंखला के बंधन में
अपनी गति, उड़ान सब भूले,
बस सपनों में देख रहे हैं
तरु की फुनगी पर के झूले।

ऐसे थे अरमान कि उड़ते
नीले नभ की सीमा पाने,
लाल किरण-सी चोंच खोल
चुगते तारक-अनार के दाने।

होती सीमाहीन क्षितिज से
इन पंखों की होड़ा-होड़ी,
या तो क्षितिज मिलन बन जाता
या तनती साँसों की डोरी।

नीड़ न दो, चाहे टहनी का
आश्रय छिन्न-भिन्न कर डालो,
लेकिन पंख दिए हैं तो
आकुल उड़ान में विघ्न न डालो।

❑ ***शिवमंगल सिंह 'सुमन'***

प्रश्न-अभ्यास

कविता से

1. हर तरह की सुख सुविधाएँ पाकर भी पक्षी पिंजरे में बंद क्यों नहीं रहना चाहते?
2. पक्षी उन्मुक्त रहकर अपनी कौन-कौन सी इच्छाएँ पूरी करना चाहते हैं?
3. भाव स्पष्ट कीजिए–
   या तो क्षितिज मिलन बन जाता / या तनती साँसों की डोरी।

कविता से आगे

1. बहुत से लोग पक्षी पालते हैं–
   (क) पक्षियों को पालना उचित है अथवा नहीं? अपने विचार लिखिए।
   (ख) क्या आपने या आपकी जानकारी में किसी ने कभी कोई पक्षी पाला है? उसकी देखरेख किस प्रकार की जाती होगी, लिखिए।

2. पक्षियों को पिंजरे में बंद करने से केवल उनकी आज़ादी का हनन ही नहीं होता, अपितु पर्यावरण भी प्रभावित होता है। इस विषय पर दस पंक्तियों में अपने विचार लिखिए।

अनुमान और कल्पना

1. क्या आपको लगता है कि मानव की वर्तमान जीवन-शैली और शहरीकरण से जुड़ी योजनाएँ पक्षियों के लिए घातक हैं? पक्षियों से रहित वातावरण में अनेक समस्याएँ उत्पन्न हो सकती हैं। इन समस्याओं से बचने के लिए हमें क्या करना चाहिए? उक्त विषय पर वाद-विवाद प्रतियोगिता का आयोजन कीजिए।
2. यदि आपके घर के किसी स्थान पर किसी पक्षी ने अपना आवास बनाया है और किसी कारणवश आपको अपना घर बदलना पड़ रहा है तो आप उस पक्षी के लिए किस तरह के प्रबंध करना आवश्यक समझेंगे? लिखिए।

भाषा की बात

1. स्वर्ण-शृंखला और लाल किरण-सी में रेखांकित शब्द गुणवाचक विशेषण हैं। कविता से ढूँढ़कर इस प्रकार के तीन और उदाहरण लिखिए।
2. 'भूखे-प्यासे' में द्वंद्व समास है। इन दोनों शब्दों के बीच लगे चिह्न को सामासिक चिह्न (-) कहते हैं। इस चिह्न से 'और' का संकेत मिलता है, जैसे- भूखे-प्यासे=भूखे और प्यासे।
   - इस प्रकार के दस अन्य उदाहरण खोजकर लिखिए।

0750CH03

2 हिमालय की बेटियाँ

अभी तक मैंने उन्हें दूर से देखा था। बड़ी गंभीर, शांत, अपने आप में खोई हुई लगती थीं। संभ्रांत महिला की भाँति वे प्रतीत होती थीं। उनके प्रति मेरे दिल में आदर और श्रद्धा के भाव थे। माँ और दादी, मौसी और मामी की गोद की तरह उनकी धारा में डुबकियाँ लगाया करता।

परंतु इस बार जब मैं हिमालय के कंधे पर चढ़ा तो वे कुछ और रूप में सामने थीं। मैं हैरान था कि यही दुबली-पतली गंगा, यही यमुना, यही सतलुज समतल मैदानों में उतरकर विशाल कैसे हो जाती हैं! इनका उछलना और कूदना,

खिलखिलाकर लगातार हँसते जाना, इनकी यह भाव-भंगी, इनका यह उल्लास कहाँ गायब हो जाता है मैदान में जाकर? किसी लड़की को जब मैं देखता हूँ, किसी कली पर जब मेरा ध्यान अटक जाता है, तब भी इतना कौतूहल और विस्मय नहीं होता, जितना कि इन बेटियों की बाललीला देखकर!

कहाँ ये भागी जा रही हैं? वह कौन लक्ष्य है जिसने इन्हें बेचैन कर रखा है? अपने महान पिता का विराट प्रेम पाकर भी अगर इनका हृदय अतृप्त ही है तो वह कौन होगा जो इनकी प्यास मिटा सकेगा! बरफ़ जली नंगी पहाड़ियाँ, छोटे-छोटे पौधों से भरी घाटियाँ, बंधुर अधित्यकाएँ, सरसब्ज़ उपत्यकाएँ—ऐसा है इनका लीला निकेतन! खेलते-खेलते जब ये ज़रा दूर निकल जाती हैं तो देवदार, चीड़, सरो, चिनार, सफ़ेदा, कैल के जंगलों में पहुँचकर शायद इन्हें बीती बातें याद करने का मौका मिल जाता होगा। कौन जाने, बुड्ढा हिमालय अपनी इन नटखट बेटियों के लिए कितना सिर धुनता होगा! बड़ी-बड़ी चोटियों से जाकर पूछिए तो उत्तर में विराट मौन के सिवाय उनके पास और रखा ही क्या है?

सिंधु और ब्रह्मपुत्र—ये दो ऐसे नाम हैं जिनके सुनते ही रावी, सतलुज, व्यास, चनाब, झेलम, काबुल (कुभा), कपिशा, गंगा, यमुना, सरयू, गंडक, कोसी आदि हिमालय की छोटी-बड़ी सभी बेटियाँ आँखों के सामने नाचने लगती हैं। वास्तव में सिंधु और ब्रह्मपुत्र स्वयं कुछ नहीं हैं। दयालु हिमालय के पिघले हुए दिल की एक-एक बूँद न जाने कब से इकट्ठा हो-होकर इन दो महानदों के रूप में समुद्र की ओर प्रवाहित होती रही है। कितना सौभाग्यशाली है वह समुद्र जिसे पर्वतराज हिमालय की इन दो बेटियों का हाथ पकड़ने का श्रेय मिला!

जिन्होंने मैदानों में ही इन नदियों को देखा होगा, उनके खयाल में शायद ही यह बात आ सके कि बूढ़े हिमालय की गोद में बच्चियाँ बनकर ये कैसे खेला करती हैं। माँ-बाप की गोद में नंग-धड़ंग होकर खेलनेवाली इन बालिकाओं का रूप पहाड़ी आदमियों के लिए आकर्षक भले न हो, लेकिन मुझे तो ऐसा लुभावना प्रतीत हुआ वह रूप कि हिमालय को ससुर और समुद्र को उसका दामाद कहने में कुछ भी झिझक नहीं होती है।

कालिदास के विरही यक्ष ने अपने मेघदूत से कहा था–वेत्रवती (बेतवा) नदी को प्रेम का प्रतिदान देते जाना, तुम्हारी वह प्रेयसी तुम्हें पाकर अवश्य ही प्रसन्न होगी। यह बात इन चंचल नदियों को देखकर मुझे अचानक याद आ गई और सोचा कि शायद उस महाकवि को भी नदियों का सचेतन रूपक पसंद था। दरअसल जो भी कोई नदियों को पहाड़ी घाटियों और समतल आँगनों के मैदानों में जुदा-जुदा शक्लों में देखेगा, वह इसी नतीजे पर पहुँचेगा।

काका कालेलकर ने नदियों को लोकमाता कहा है। किंतु माता बनने से पहले यदि हम इन्हें बेटियों के रूप में देख लें तो क्या हर्ज है? और थोड़ा आगे चलिए...इन्हीं में अगर हम प्रेयसी की भावना करें तो कैसे रहेगा? ममता का एक और भी धागा है, जिसे हम इनके साथ जोड़ सकते हैं। बहन का स्थान कितने कवियों ने इन नदियों को दिया है। एक दिन मेरी भी ऐसी भावना हुई थी। थो-लिङ् (तिब्बत) की बात है। मन उचट गया था, तबीयत ढीली थी। सतलज के किनारे जाकर बैठ गया। दोपहर का समय था। पैर लटका दिए पानी में। थोड़ी ही देर में उस प्रगतिशील जल ने असर डाला। तन और मन ताज़ा हो गया तो लगा मैं गुनगुनाने–

जय हो सतलज बहन तुम्हारी
लीला अचरज बहन तुम्हारी
हुआ मुदित मन हटा खुमारी
जाऊँ मैं तुम पर बलिहारी
तुम बेटी यह बाप हिमालय
चिंतित पर, चुपचाप हिमालय
प्रकृति नटी के चित्रित पट पर
अनुपम अद्भुत छाप हिमालय
जय हो सतलज बहन तुम्हारी!

❐ *नागार्जुन*

प्रश्न-अभ्यास

लेख से

1. नदियों को माँ मानने की परंपरा हमारे यहाँ काफ़ी पुरानी है। लेकिन लेखक नागार्जुन उन्हें और किन रूपों में देखते हैं?
2. सिंधु और ब्रह्मपुत्र की क्या विशेषताएँ बताई गई हैं?
3. काका कालेलकर ने नदियों को लोकमाता क्यों कहा है?
4. हिमालय की यात्रा में लेखक ने किन-किन की प्रशंसा की है?

लेख से आगे

1. नदियों और हिमालय पर अनेक कवियों ने कविताएँ लिखी हैं। उन कविताओं का चयन कर उनकी तुलना पाठ में निहित नदियों के वर्णन से कीजिए।
2. गोपालसिंह नेपाली की कविता 'हिमालय और हम', रामधारी सिंह 'दिनकर' की कविता 'हिमालय' तथा जयशंकर प्रसाद की कविता 'हिमालय के आँगन में' पढ़िए और तुलना कीजिए।
3. यह लेख 1947 में लिखा गया था। तब से हिमालय से निकलनेवाली नदियों में क्या-क्या बदलाव आए हैं?
4. अपने संस्कृत शिक्षक से पूछिए कि कालिदास ने हिमालय को देवात्मा क्यों कहा है?

अनुमान और कल्पना

1. लेखक ने हिमालय से निकलनेवाली नदियों को ममता भरी आँखों से देखते हुए उन्हें हिमालय की बेटियाँ कहा है। आप उन्हें क्या कहना चाहेंगे? नदियों की सुरक्षा के लिए कौन-कौन से कार्य हो रहे हैं? जानकारी प्राप्त करें और अपना सुझाव दें।
2. नदियों से होनेवाले लाभों के विषय में चर्चा कीजिए और इस विषय पर बीस पंक्तियों का एक निबंध लिखिए।

भाषा की बात

1. अपनी बात कहते हुए लेखक ने अनेक समानताएँ प्रस्तुत की हैं। ऐसी तुलना से अर्थ अधिक स्पष्ट एवं सुंदर बन जाता है। उदाहरण–

(क) संभ्रांत महिला की भाँति वे प्रतीत होती थीं।

(ख) माँ और दादी, मौसी और मामी की गोद की तरह उनकी धारा में डुबकियाँ लगाया करता।

- अन्य पाठों से ऐसे पाँच तुलनात्मक प्रयोग निकालकर कक्षा में सुनाइए और उन सुंदर प्रयोगों को कॉपी में भी लिखिए।

2. निर्जीव वस्तुओं को मानव-संबंधी नाम देने से निर्जीव वस्तुएँ भी मानो जीवित हो उठती हैं। लेखक ने इस पाठ में कई स्थानों पर ऐसे प्रयोग किए हैं, जैसे–

(क) परंतु इस बार जब मैं हिमालय के कंधे पर चढ़ा तो वे कुछ और रूप में सामने थीं।

(ख) काका कालेलकर ने नदियों को लोकमाता कहा है।

- पाठ से इसी तरह के और उदाहरण ढूँढ़िए।

3. पिछली कक्षा में आप विशेषण और उसके भेदों से परिचय प्राप्त कर चुके हैं। नीचे दिए गए विशेषण और विशेष्य (संज्ञा) का मिलान कीजिए–

विशेषण	**विशेष्य**
संभ्रांत	वर्षा
चंचल	जंगल
समतल	महिला
घना	नदियाँ
मूसलधार	आँगन

4. द्वंद्व समास के दोनों पद प्रधान होते हैं। इस समास में 'और' शब्द का लोप हो जाता है, जैसे–**राजा-रानी** द्वंद्व समास है जिसका अर्थ है **राजा और रानी**। पाठ में कई स्थानों पर द्वंद्व समासों का प्रयोग किया गया है। इन्हें खोजकर वर्णमाला क्रम (शब्दकोश-शैली) में लिखिए।

5. नदी को उलटा लिखने से दीन होता है जिसका अर्थ होता है गरीब। आप भी पाँच ऐसे शब्द लिखिए जिसे उलटा लिखने पर सार्थक शब्द बन जाए। प्रत्येक शब्द के आगे संज्ञा का नाम भी लिखिए, जैसे–नदी-दीन (भाववाचक संज्ञा)।

6. समय के साथ भाषा बदलती है, शब्द बदलते हैं और उनके रूप बदलते हैं, जैसे—बेतवा नदी के नाम का दूसरा रूप 'वेत्रवती' है। नीचे दिए गए शब्दों में से ढूँढ़कर इन नामों के अन्य रूप लिखिए—

सतलुज	रोपड़	विपाशा	वितस्ता
झेलम	चिनाब	रूपपुर	शतद्रुम
अजमेर	बनारस	अजयमेरु	वाराणसी

7. 'उनके खयाल में शायद ही यह बात आ सके कि बूढ़े हिमालय की गोद में बच्चियाँ बनकर ये कैसे खेला करती हैं।'
   - उपर्युक्त पंक्ति में 'ही' के प्रयोग की ओर ध्यान दीजिए। 'ही' वाला वाक्य नकारात्मक अर्थ दे रहा है। इसीलिए 'ही' वाले वाक्य में कही गई बात को हम ऐसे भी कह सकते हैं—उनके खयाल में शायद यह बात न आ सके।
   - इसी प्रकार नकारात्मक प्रश्नवाचक वाक्य कई बार 'नहीं' के अर्थ में इस्तेमाल नहीं होते हैं, जैसे—महात्मा गांधी को कौन नहीं जानता? दोनों प्रकार के वाक्यों के समान तीन-तीन उदाहरण सोचिए और इस दृष्टि से उनका विश्लेषण कीजिए।

केवल पढ़ने के लिए

फूले कदंब

फूले कदंब
टहनी-टहनी में कंदुक सम झूले कदंब
फूले कदंब।
सावन बीता
बादल का कोप नहीं रीता
जाने कब से तू बरस रहा
ललचाई आँखों से नाहक
जाने कब से तू तरस रहा
मन कहता है, छू ले कदंब
फूले कदंब
फूले कदंब।

□ नागार्जुन

0750CH04

3 कठपुतली

कठपुतली
गुस्से से उबली
बोली–ये धागे
क्यों हैं मेरे पीछे-आगे?
इन्हें तोड़ दो;
मुझे मेरे पाँवों पर छोड़ दो।

सुनकर बोलीं और-और
कठपुतलियाँ
कि हाँ,
बहुत दिन हुए
हमें अपने मन के छंद छुए।

मगर...
पहली कठपुतली सोचने लगी–
ये कैसी इच्छा
मेरे मन में जगी?

❑ *भवानीप्रसाद मिश्र*

कविता के बारे में

इस कविता में कठपुतलियाँ स्वतंत्रता की इच्छा से स्वयं अपनी बात व्यक्त कर रही हैं। उनके समक्ष स्वतंत्रता को साकार बनानेवाली चुनौतियाँ हैं। धागे में बँधी हुई कठपुतलियाँ पराधीन हैं। इन्हें दूसरों के इशारे पर नाचने से दुख होता है। दुख से बाहर निकलने के लिए एक कठपुतली विद्रोह कर देती है। वह अपने पाँव पर खड़ी होना चाहती है। उसकी बात सभी कठपुतलियों को अच्छी लगती है। स्वतंत्र रहना कौन नहीं चाहता! लेकिन, जब पहली कठपुतली पर सबकी स्वतंत्रता की ज़िम्मेदारी आती है, वह सोच-समझकर कदम उठाना ज़रूरी समझती है।

प्रश्न-अभ्यास

कविता से

1. कठपुतली को गुस्सा क्यों आया?
2. कठपुतली को अपने पाँवों पर खड़ी होने की इच्छा है, लेकिन वह क्यों नहीं खड़ी होती?
3. पहली कठपुतली की बात दूसरी कठपुतलियों को क्यों अच्छी लगी?
4. पहली कठपुतली ने स्वयं कहा कि–'ये धागे / क्यों हैं मेरे पीछे-आगे?/ इन्हें तोड़ दो; / मुझे मेरे पाँवों पर छोड़ दो।'–तो फिर वह चिंतित क्यों हुई कि–'ये कैसी इच्छा / मेरे मन में जगी?' नीचे दिए वाक्यों की सहायता से अपने विचार व्यक्त कीजिए–
   - उसे दूसरी कठपुतलियों की ज़िम्मेदारी महसूस होने लगी।
   - उसे शीघ्र स्वतंत्र होने की चिंता होने लगी।
   - वह स्वतंत्रता की इच्छा को साकार करने और स्वतंत्रता को हमेशा बनाए रखने के उपाय सोचने लगी।
   - वह डर गई, क्योंकि उसकी उम्र कम थी।

कविता से आगे

1. 'बहुत दिन हुए / हमें अपने मन के छंद छुए।'–इस पंक्ति का अर्थ और क्या हो सकता है? अगले पृष्ठ पर दिए हुए वाक्यों की सहायता से सोचिए और अर्थ लिखिए–

(क) बहुत दिन हो गए, मन में कोई उमंग नहीं आई।

(ख) बहुत दिन हो गए, मन के भीतर कविता-सी कोई बात नहीं उठी, जिसमें छंद हो, लय हो।

(ग) बहुत दिन हो गए, गाने-गुनगुनाने का मन नहीं हुआ।

(घ) बहुत दिन हो गए, मन का दुख दूर नहीं हुआ और न मन में खुशी आई।

2. नीचे दो स्वतंत्रता आंदोलनों के वर्ष दिए गए हैं। इन दोनों आंदोलनों के दो-दो स्वतंत्रता सेनानियों के नाम लिखिए–

(क) सन् 1857 ....

(ख) सन् 1942 ....

अनुमान और कल्पना

■ स्वतंत्र होने की लड़ाई कठपुतलियाँ कैसे लड़ी होंगी और स्वतंत्र होने के बाद स्वावलंबी होने के लिए क्या-क्या प्रयत्न किए होंगे? यदि उन्हें फिर से धागे में बाँधकर नचाने के प्रयास हुए होंगे तब उन्होंने अपनी रक्षा किस तरह के उपायों से की होगी?

भाषा की बात

1. कई बार जब दो शब्द आपस में जुड़ते हैं तो उनके मूल रूप में परिवर्तन हो जाता है। कठपुतली शब्द में भी इस प्रकार का सामान्य परिवर्तन हुआ है। जब **काठ** और **पुतली** दो शब्द एक साथ हुए **कठपुतली** शब्द बन गया और इससे बोलने में सरलता आ गई। इस प्रकार के कुछ शब्द बनाइए–
जैसे–काठ (कठ) से बना–कठगुलाब, कठफोड़ा

हाथ–हथ सोना–सोन मिट्टी–मट

2. कविता की भाषा में लय या तालमेल बनाने के लिए प्रचलित शब्दों और वाक्यों में बदलाव होता है। जैसे–आगे-पीछे अधिक प्रचलित शब्दों की जोड़ी है, लेकिन कविता में 'पीछे-आगे' का प्रयोग हुआ है। यहाँ 'आगे' का '...बोली ये धागे' से ध्वनि का तालमेल है। इस प्रकार के शब्दों की जोड़ियों में आप भी परिवर्तन कीजिए–दुबला-पतला, इधर-उधर, ऊपर-नीचे, दाएँ-बाएँ, गोरा-काला, लाल-पीला आदि।

0750CH05

मिठाईवाला 4

बहुत ही मीठे स्वरों के साथ वह गलियों में घूमता हुआ कहता— "बच्चों को बहलानेवाला, खिलौनेवाला।"

इस अधूरे वाक्य को वह ऐसे विचित्र, किंतु मादक-मधुर ढंग से गाकर कहता कि सुननेवाले एक बार अस्थिर हो उठते। उसके स्नेहाभिषिक्त कंठ से फूटा हुआ गान सुनकर निकट के मकानों में हलचल मच जाती। छोटे-छोटे बच्चों को अपनी गोद में लिए युवतियाँ चिकों को उठाकर छज्जों पर नीचे झाँकने लगतीं। गलियों और उनके अंतर्व्यापी छोटे-छोटे उद्यानों में खेलते और इठलाते हुए बच्चों का झुंड उसे घेर लेता और तब वह खिलौनेवाला वहीं बैठकर खिलौने की पेटी खोल देता।

बच्चे खिलौने देखकर पुलकित हो उठते। वे पैसे लाकर खिलौने का मोलभाव करने लगते। पूछते—"इछका दाम क्या है? औल इछका? औल इछका?" खिलौनेवाला बच्चों को देखता और उनकी नन्हीं-नन्हीं उँगलियों से पैसे ले लेता और बच्चों की इच्छानुसार उन्हें खिलौने दे देता। खिलौने लेकर फिर बच्चे उछलने-कूदने लगते और तब फिर खिलौनेवाला उसी प्रकार गाकर कहता—"बच्चों को बहलानेवाला, खिलौनेवाला"। सागर की हिलोर की भाँति उसका यह मादक गान गलीभर के मकानों में इस ओर से उस ओर तक, लहराता हुआ पहुँचता और खिलौनेवाला आगे बढ़ जाता।

राय विजयबहादुर के बच्चे भी एक दिन खिलौने लेकर घर आए। वे दो बच्चे थे—चुन्नू और मुन्नू! चुन्नू जब खिलौने ले आया तो बोला—"मेला घोला कैछा छुंदल ऐ!"

मुन्नू बोला—"औल देखो, मेला कैछा छुंदल ऐ!"

दोनों अपने हाथी-घोड़े लेकर घरभर में उछलने लगे। इन बच्चों की माँ रोहिणी कुछ देर तक खड़े-खड़े उनका खेल निरखती रही। अंत में दोनों बच्चों को बुलाकर उसने पूछा–"अरे ओ चुन्नू-मुन्नू, ये खिलौने तुमने कितने में लिए हैं?"

मुन्नू बोला–"दो पैछे में। खिलौनेवाला दे गया ऐ।"

रोहिणी सोचने लगी–इतने सस्ते कैसे दे गया है? कैसे दे गया है, यह तो वही जाने। लेकिन दे तो गया ही है, इतना तो निश्चय है!

एक ज़रा सी बात ठहरी। रोहिणी अपने काम में लग गई। फिर कभी उसे इस पर विचार करने की आवश्यकता भी भला क्यों पड़ती!

2

छह महीने बाद–

नगरभर में दो-चार दिनों से एक मुरलीवाले के आने का समाचार फैल गया। लोग कहने लगे–"भाई वाह! मुरली बजाने में वह एक ही उस्ताद है। मुरली बजाकर, गाना सुनाकर वह मुरली बेचता भी है, सो भी दो-दो पैसे में। भला, इसमें उसे क्या मिलता होगा? मेहनत भी तो न आती होगी!"

एक व्यक्ति ने पूछ लिया–"कैसा है वह मुरलीवाला, मैंने तो उसे नहीं देखा!"

उत्तर मिला–"उम्र तो उसकी अभी अधिक न होगी, यही तीस-बत्तीस का होगा। दुबला-पतला गोरा युवक है, बीकानेरी रंगीन साफ़ा बाँधता है।"

"वही तो नहीं; जो पहले खिलौने बेचा करता था?"

"क्या वह पहले खिलौने भी बेचा करता था?"

"हाँ, जो आकार-प्रकार तुमने बतलाया, उसी प्रकार का वह भी था।"

"तो वही होगा। पर भई, है वह एक उस्ताद।"

प्रतिदिन इसी प्रकार उस मुरलीवाले की चर्चा होती। प्रतिदिन नगर की प्रत्येक गली में उसका मादक, मृदुल स्वर सुनाई पड़ता-"बच्चों को बहलानेवाला, मुरलियावाला।"

रोहिणी ने भी मुरलीवाले का यह स्वर सुना। तुरंत ही उसे खिलौनेवाले का स्मरण हो आया। उसने मन-ही-मन कहा-खिलौनेवाला भी इसी तरह गा-गाकर खिलौने बेचा करता था।

रोहिणी उठकर अपने पति विजय बाबू के पास गई-"ज़रा उस मुरलीवाले को बुलाओ तो, चुन्नू-मुन्नू के लिए ले लूँ। क्या पता यह फिर इधर आए, न आए। वे भी, जान पड़ता है, पार्क में खेलने निकल गए हैं।"

विजय बाबू एक समाचार-पत्र पढ़ रहे थे। उसी तरह उसे लिए हुए वे दरवाज़े पर आकर मुरलीवाले से बोले-"क्यों भई, किस तरह देते हो मुरली?"

किसी की टोपी गली में गिर पड़ी। किसी का जूता पार्क में ही छूट गया, और किसी की सोथनी (पाजामा) ही ढीली होकर लटक आई है। इस तरह दौड़ते-हाँफ़ते

हुए बच्चों का झुंड आ पहुँचा। एक स्वर से सब बोल उठे–"अम बी लेंदे मुल्ली और अम वी लेंदे मुल्ली।"

मुरलीवाला हर्ष-गद्गद हो उठा। बोला–"सबको देंगे भैया! लेकिन ज़रा रुको, ठहरो, एक-एक को देने दो। अभी इतनी जल्दी हम कहीं लौट थोड़े ही जाएँगे। बेचने तो आए ही हैं और हैं भी इस समय मेरे पास एक-दो नहीं, पूरी सत्तावन। ...हाँ, बाबू जी, क्या पूछा था आपने, कितने में दीं! ...दीं तो वैसे तीन-तीन पैसे के हिसाब से हैं, पर आपको दो-दो पैसे में ही दे दूँगा।"

विजय बाबू भीतर-बाहर दोनों रूपों में मुसकरा दिए। मन-ही-मन कहने लगे–कैसा है! देता तो सबको इसी भाव से है, पर मुझ पर उलटा एहसान लाद रहा है। फिर बोले–"तुम लोगों की झूठ बोलने की आदत होती है। देते होगे सभी को दो-दो पैसे में, पर एहसान का बोझा मेरे ही ऊपर लाद रहे हो।"

मुरलीवाला एकदम अप्रतिभ हो उठा। बोला–"आपको क्या पता बाबू जी कि इनकी असली लागत क्या है! यह तो ग्राहकों का दस्तूर होता है कि दुकानदार चाहे हानि उठाकर चीज़ क्यों न बेचे, पर ग्राहक यही समझते हैं–दुकानदार मुझे लूट रहा है। आप भला काहे को विश्वास करेंगे? लेकिन सच पूछिए तो बाबू जी, असली दाम दो ही पैसा है। आप कहीं से दो पैसे में ये मुरली नहीं पा सकते। मैंने तो पूरी एक हज़ार बनवाई थीं, तब मुझे इस भाव पड़ी हैं।"

विजय बाबू बोले–"अच्छा, मुझे ज़्यादा वक्त नहीं, जल्दी से दो ठो निकाल दो।"

दो मुरलियाँ लेकर विजय बाबू फिर मकान के भीतर पहुँच गए। मुरलीवाला देर तक उन बच्चों के झुंड में मुरलियाँ बेचता रहा! उसके पास कई रंग की मुरलियाँ थीं। बच्चे जो रंग पसंद करते, मुरलीवाला उसी रंग की मुरली निकाल देता।

"यह बड़ी अच्छी मुरली है। तुम यही ले लो बाबू, राजा बाबू तुम्हारे लायक तो बस यह है। हाँ भैये, तुमको वही देंगे। ये लो। ...तुमको वैसी न चाहिए, यह

नारंगी रंग की, अच्छा, वही लो। ...ले आए पैसे? अच्छा, ये लो तुम्हारे लिए मैंने पहले ही से यह निकाल रखी थी...! तुमको पैसे नहीं मिले। तुमने अम्मा से ठीक तरह माँगे न होंगे। धोती पकड़कर पैरों में लिपटकर, अम्मा से पैसे माँगे जाते हैं बाबू! हाँ, फिर जाओ। अबकी बार मिल जाएँगे...। दुअन्नी है? तो क्या हुआ, ये लो पैसे वापस लो। ठीक हो गया न हिसाब? ...मिल गए पैसे? देखो, मैंने तरकीब बताई! अच्छा अब तो किसी को नहीं लेना है? सब ले चुके? तुम्हारी माँ के पास पैसे नहीं हैं? अच्छा, तुम भी यह लो। अच्छा, तो अब मैं चलता हूँ।"

इस तरह मुरलीवाला फिर आगे बढ़ गया।

3

आज अपने मकान में बैठी हुई रोहिणी मुरलीवाले की सारी बातें सुनती रही। आज भी उसने अनुभव किया, बच्चों के साथ इतने प्यार से बातें करनेवाला फेरीवाला पहले कभी नहीं आया। फिर वह सौदा भी कैसा सस्ता बेचता है! भला आदमी जान पड़ता है। समय की बात है, जो बेचारा इस तरह मारा-मारा फिरता है। पेट जो न कराए, सो थोड़ा!

इसी समय मुरलीवाले का क्षीण स्वर दूसरी निकट की गली से सुनाई पड़ा–"बच्चों को बहलानेवाला, मुरलियावाला!"

रोहिणी इसे सुनकर मन-ही-मन कहने लगी–और स्वर कैसा मीठा है इसका!

बहुत दिनों तक रोहिणी को मुरलीवाले का वह मीठा स्वर और उसकी बच्चों के प्रति वे स्नेहसिक्त बातें याद आती रहीं। महीने-के-महीने आए और चले गए। फिर मुरलीवाला न आया। धीरे-धीरे उसकी स्मृति भी क्षीण हो गई।

4

आठ मास बाद–

सरदी के दिन थे। रोहिणी स्नान करके मकान की छत पर चढ़कर आजानुलंबित केश-राशि सुखा रही थी। इस समय नीचे की गली में सुनाई पड़ा–"बच्चों को बहलानेवाला, मिठाईवाला।"

मिठाईवाले का स्वर उसके लिए परिचित था, झट से रोहिणी नीचे उतर आई। उस समय उसके पति मकान में नहीं थे। हाँ, उनकी वृद्धा दादी थीं। रोहिणी उनके निकट आकर बोली–"दादी, चुन्नू-मुन्नू के लिए मिठाई लेनी है। ज़रा कमरे में चलकर ठहराओ। मैं उधर कैसे जाऊँ, कोई आता न हो। ज़रा हटकर मैं भी चिक की ओट में बैठी रहूँगी।"

दादी उठकर कमरे में आकर बोलीं–"ए मिठाईवाले, इधर आना।"

मिठाईवाला निकट आ गया। बोला–"कितनी मिठाई दूँ माँ? ये नए तरह की मिठाइयाँ हैं–रंग-बिरंगी, कुछ-कुछ खट्टी, कुछ-कुछ मीठी, ज़ायकेदार, बड़ी देर तक मुँह में टिकती हैं। जल्दी नहीं घुलतीं। बच्चे बड़े चाव से चूसते हैं। इन गुणों के सिवा ये खाँसी भी दूर करती हैं! कितनी दूँ? चपटी, गोल, पहलदार गोलियाँ हैं। पैसे की सोलह देता हूँ।"

दादी बोलीं–"सोलह तो बहुत कम होती हैं, भला पचीस तो देते।" मिठाईवाला–"नहीं दादी, अधिक नहीं दे सकता। इतना भी देता हूँ, यह अब मैं तुम्हें क्या...खैर, मैं अधिक न दे सकूँगा।"

रोहिणी दादी के पास ही थी। बोली–"दादी, फिर भी काफ़ी सस्ता दे रहा है। चार पैसे की ले लो। यह पैसे रहे।"

मिठाईवाला मिठाइयाँ गिनने लगा।

"तो चार की दे दो। अच्छा, पच्चीस नहीं सही, बीस ही दो। अरे हाँ, मैं बूढ़ी हुई मोलभाव अब मुझे ज़्यादा करना आता भी नहीं।"

कहते हुए दादी के पोपले मुँह से ज़रा सी मुसकराहट फूट निकली।

रोहिणी ने दादी से कहा–"दादी, इससे पूछो, तुम इस शहर में और कभी भी आए थे या पहली बार आए हो? यहाँ के निवासी तो तुम हो नहीं।"

दादी ने इस कथन को दोहराने की चेष्टा की ही थी कि मिठाईवाले ने उत्तर दिया–"पहली बार नहीं और भी कई बार आ चुका हूँ।"

रोहिणी चिक की आड़ ही से बोली–"पहले यही मिठाई बेचते हुए आए थे या और कोई चीज़ लेकर?"

मिठाईवाला हर्ष, संशय और विस्मयादि भावों में डूबकर बोला–"इससे पहले मुरली लेकर आया था और उससे भी पहले खिलौने लेकर।"

रोहिणी का अनुमान ठीक निकला। अब तो वह उससे और भी कुछ बातें पूछने के लिए अस्थिर हो उठी। वह बोली–"इन व्यवसायों में भला तुम्हें क्या मिलता होगा?"

वह बोला, "मिलता भला क्या है! यही खानेभर को मिल जाता है। कभी नहीं भी मिलता है। पर हाँ; संतोष, धीरज और कभी-कभी असीम सुख ज़रूर मिलता है और यही मैं चाहता भी हूँ।"

"सो कैसे? वह भी बताओ।"

"अब व्यर्थ उन बातों की क्यों चर्चा करूँ? उन्हें आप जाने ही दें। उन बातों को सुनकर आपको दुख ही होगा।"

"जब इतना बताया है, तब और भी बता दो। मैं बहुत उत्सुक हूँ। तुम्हारा हरजा न होगा। मिठाई मैं और भी ले लूँगी।"

अतिशय गंभीरता के साथ मिठाईवाले ने कहा–"मैं भी अपने नगर का एक प्रतिष्ठित आदमी था। मकान, व्यवसाय, गाड़ी-घोड़े, नौकर-चाकर सभी कुछ था। स्त्री थी, छोटे-छोटे दो बच्चे भी थे। मेरा वह सोने का संसार था। बाहर संपत्ति का वैभव था, भीतर सांसारिक सुख था। स्त्री सुंदरी थी, मेरी प्राण थी। बच्चे ऐसे सुंदर थे, जैसे सोने के सजीव खिलौने। उनकी अठखेलियों के मारे घर में कोलाहल मचा रहता था। समय की गति! विधाता की लीला। अब कोई नहीं है। दादी, प्राण निकाले नहीं निकले। इसलिए अपने उन बच्चों की खोज में निकला हूँ। वे सब अंत में होंगे, तो यहीं कहीं। आखिर, कहीं न जनमे ही होंगे। उस तरह रहता, घुल-घुलकर मरता। इस तरह सुख-संतोष के साथ मरूँगा। इस तरह के जीवन में कभी-कभी अपने उन बच्चों की एक झलक-सी मिल जाती है। ऐसा जान पड़ता है, जैसे वे इन्हीं में उछल-उछलकर हँस-खेल रहे हैं। पैसों की कमी थोड़े ही है, आपकी दया से पैसे तो काफ़ी हैं। जो नहीं है, इस तरह उसी को पा जाता हूँ।"

रोहिणी ने अब मिठाईवाले की ओर देखा–उसकी आँखें आँसुओं से तर हैं।

इसी समय चुन्नू-मुन्नू आ गए। रोहिणी से लिपटकर, उसका आँचल पकड़कर बोले–"अम्माँ, मिठाई!"

"मुझसे लो।" यह कहकर, तत्काल कागज़ की दो पुड़ियाँ, मिठाइयों से भरी, मिठाईवाले ने चुन्नू-मून्नू को दे दीं।

रोहिणी ने भीतर से पैसे फेंक दिए।

मिठाईवाले ने पेटी उठाई और कहा–"अब इस बार ये पैसे न लूँगा।"

दादी बोली–"अरे-अरे, न न अपने पैसे लिए जा भाई!"

तब तक आगे फिर सुनाई पड़ा उसी प्रकार मादक-मृदुल स्वर में–"बच्चों को बहलानेवाला मिठाईवाला।"

❑ ***भगवतीप्रसाद वाजपेयी***

प्रश्न-अभ्यास

कहानी से

1. मिठाईवाला अलग-अलग चीज़ें क्यों बेचता था और वह महीनों बाद क्यों आता था?
2. मिठाईवाले में वे कौन से गुण थे जिनकी वजह से बच्चे तो बच्चे, बड़े भी उसकी ओर खिंचे चले आते थे?
3. विजय बाबू एक ग्राहक थे और मुरलीवाला एक विक्रेता। दोनों अपने-अपने पक्ष के समर्थन में क्या तर्क पेश करते हैं?
4. खिलौनेवाले के आने पर बच्चों की क्या प्रतिक्रिया होती थी?
5. रोहिणी को मुरलीवाले के स्वर से खिलौनेवाले का स्मरण क्यों हो आया?
6. किसकी बात सुनकर मिठाईवाला भावुक हो गया था? उसने इन व्यवसायों को अपनाने का क्या कारण बताया?
7. 'अब इस बार ये पैसे न लूँगा'-कहानी के अंत में मिठाईवाले ने ऐसा क्यों कहा?
8. इस कहानी में रोहिणी चिक के पीछे से बात करती है। क्या आज भी औरतें चिक के पीछे से बात करती हैं? यदि करती हैं तो क्यों? आपकी राय में क्या यह सही है?

कहानी से आगे

1. मिठाईवाले के परिवार के साथ क्या हुआ होगा? सोचिए और इस आधार पर एक और कहानी बनाइए?
2. हाट-मेले, शादी आदि आयोजनों में कौन-कौन सी चीज़ें आपको सबसे ज़्यादा आकर्षित करती हैं? उनको सजाने-बनाने में किसका हाथ होगा? उन चेहरों के बारे में लिखिए।
3. इस कहानी में मिठाईवाला दूसरों को प्यार और खुशी देकर अपना दुख कम करता है? इस मिज़ाज की और कहानियाँ, कविताएँ ढूँढ़िए और पढ़िए।

अनुमान और कल्पना

1. आपकी गलियों में कई अजनबी फेरीवाले आते होंगे। आप उनके बारे में क्या-क्या जानते हैं? अगली बार जब आपकी गली में कोई फेरीवाला आए तो उससे बातचीत कर जानने की कोशिश कीजिए।

2. आपके माता-पिता के ज़माने से लेकर अब तक फेरी की आवाज़ों में कैसा बदलाव आया है? बड़ों से पूछकर लिखिए।
3. क्या आपको लगता है कि – वक्त के साथ फेरी के स्वर कम हुए हैं? कारण लिखिए।

भाषा की बात

1. मिठाईवाला बोलनेवाली गुड़िया

- ऊपर 'वाला' का प्रयोग है। अब बताइए कि–

(क) 'वाला' से पहले आनेवाले शब्द संज्ञा, सर्वनाम, विशेषण आदि में से क्या हैं?
(ख) ऊपर लिखे वाक्यांशों में उनका क्या प्रयोग है?

2. "अच्छा मुझे ज़्यादा वक्त नहीं, जल्दी से दो ठो निकाल दो।"

- उपर्युक्त वाक्य में 'ठो' के प्रयोग की ओर ध्यान दीजिए। पूर्वी उत्तर प्रदेश और बिहार की भाषाओं में इस शब्द का प्रयोग संख्यावाची शब्द के साथ होता है, जैसे, भोजपुरी में–एक ठो लइका, चार ठे आलू, तीन ठे बटुली।
- ऐसे शब्दों का प्रयोग भारत की कई अन्य भाषाओं / बोलियों में भी होता है। कक्षा में पता कीजिए कि किस-किस की भाषा-बोली में ऐसा है। इस पर सामूहिक बातचीत कीजिए।

3. "वे भी, **जान पड़ता है,** पार्क में खेलने निकल गए हैं।"
"क्यों भई, किस तरह **देते हो** मुरली?"
"दादी, चुन्नू-मुन्नू के लिए मिठाई लेनी है। ज़रा कमरे में चलकर ठहराओ।"

- भाषा के ये प्रयोग आजकल पढ़ने-सुनने में नहीं आते। आप ये बातें कैसे कहेंगे?

कुछ करने को

1. फेरीवालों की दिनचर्या कैसी होती होगी? उनका घर-परिवार कहाँ होगा? उनकी ज़िंदगी में किस प्रकार की समस्याएँ और उतार-चढ़ाव आते होंगे? यह जानने के लिए तीन-तीन के समूह में छात्र-छात्राएँ कुछ प्रश्न तैयार करें और फेरीवालों से बातचीत करें। प्रत्येक समूह अलग-अलग व्यवसाय से जुड़े फेरीवालों से बात करे।
2. इस कहानी को पढ़कर क्या आपको यह अनुभूति हुई कि दूसरों को प्यार और खुशी देने से अपने मन का दुख कम हो जाता है? समूह में बातचीत कीजिए।
3. अपनी कल्पना की मदद से मिठाईवाले का चित्र शब्दों के माध्यम से बनाइए।

केवल पढ़ने के लिए

फेरीवालों की आवाज़ें

दिल्ली के फेरीवालों की एक बड़ी विशेषता यह थी कि अपने सौदे को एक बड़ी लच्छेदार आवाज़ में और अकसर सुरीले स्वर में और कभी-कभी तो गाकर बेचते थे। किसी साहित्यकार ने सच लिखा है कि दिल्ली के बाज़ारों-कूचों में फेरीवालों की आवाज़ें सुनकर ऐसा लगता था कि इस्फ़हान के शाइर चौक में गज़ल पढ़ रहे हैं। दिल्ली के बारे में यह भी मशहूर था कि यहाँ हर आदमी चाहे वह पढ़ा-लिखा था या नहीं कलापूर्ण रुचि और संवेदनशीलता रखता था। फेरीवाले जो भी आवाज़ लगाते, वह आमतौर पर उनका अपना आविष्कार होता या अगर किसी और का भी होता तो उसमें अपनी तरफ़ से भी कुछ-न-कुछ जोड़ लेते। लेकिन जो कुछ भी कहते गागर में सागर भर देते और सुननेवालों को बड़ा आनंद आता। आदमी को अगर चीज़ न भी लेनी होती तो भी फेरीवाले की आवाज़ सुनकर उसे रस आने लगता और उसे खरीदने की इच्छा उसके मन में पैदा हो जाती।

फेरीवालों का गाकर अपने सौदे को बेचने का रिवाज मुगलों के ज़माने में शाहजहाँ के काल से शुरू हुआ। शाहजहाँ की इच्छा थी कि फेरीवाले उसकी नयी राजधानी शाहजहाँनाबाद में अपनी चीज़ों को साफ़ और ऊँची आवाज़ में बेचें ताकि

घर की औरतें अपने घरों की ड्योढ़ी पर ज़रूरत की चीज़ें खरीद सकें और फेरीवाले तथा राह चलते लोग उन्हें न देख सकें।

गरमियों में आम, खरबूज़े, ककड़ी, तरबूज़ वगैरह की बहार होती। आमवाला चिल्लाता–

"केराने का लडुवा, सरौली की बहार
लड्डू हैं पाल के, पाल के लड्डू
बासी परांठे के संग खा लो
रस के घड़े हैं ये चूसनेवाले।"

खरबूज़ेवाला लहक-लहककर गाता और सबसे बाज़ी ले जाता–

"नन्हें के अब्बा चक्कू लाना चख के लेना,
सच्ची कहना फीके या मीठे!"

बीच में कोई शकरकंदवाला बोल उठता–

"बिन कढ़ाई का हलवा, शकरकंदी।"

ककड़ियोंवाला ककड़ियों को पानी से तर करता रहता और चिल्लाता–

"लैला की उँगलियाँ, मजनूँ की पसलियाँ
तैरकर आई हैं बहते दरियाव में।"

(महेश्वर दयाल की पुस्तक
'दिल्ली जो एक शहर है' से।)

0750CH07

पापा खो गए 5

पात्र

बिजली का खंभा
पेड़
लैटरबक्स
कौआ

नाचनेवाली
लड़की
आदमी

सड़क। रात का समय। समुद्र के सामने फुटपाथ। वहीं पर एक बिजली का खंभा। एक पेड़। एक लैटरबक्स। दूसरी ओर धीमे प्रकाश में एक सिनेमा का पोस्टर। पोस्टर पर नाचने की भंगिमा में एक औरत की आकृति। समुद्र से सनसनाती हवा का बहाव। दूर कहीं कुत्तों के भौंकने की आवाज़।

खंभा : ***(जम्हाई रोकते हुए)*** राम राम राम! रात बहुत हो गई।

पेड़ : आजकल की रातें कैसी हैं! जल्दी बीतने में ही नहीं आतीं।

खंभा : दिन तो कैसे-न-कैसे हड़बड़ी में बीत जाता है।

पेड़ : लेकिन रात को बड़ी बोरियत होती है।

खंभा : तब भी बरसात की रातों से तो ये रातें कहीं अच्छी हैं, पेड़राजा! बरसात की रातों में तो रातभर भीगते रहो, बादलों से आनेवाले पानी की मार खाते रहो, तेज़ हवाओं में भी बल्ब को कसकर पकड़े बराबर एक टाँग पर खड़े रहो–बिलकुल अच्छा नहीं लगता। उस वक्त लगता है, इससे तो अच्छा था... न होता बिजली के खंभे का जन्म! बल्ब फेंक, तब दूर कहीं भाग जाने का जी होता है।

पेड़ : मुझ पर भी एक रात आसमान से गड़गड़ाती बिजली आकर पड़ी थी। अरे, बाप रे! वो बिजली थी या आफ़त! याद आते ही अब भी दिल धक-धक करने लगता है और बिजली जहाँ गिरी थी वहाँ खड्डा कितना गहरा पड़ गया था, खंभे महाराज! अब जब कभी बारिश होती है तो मुझे उस रात की याद हो आती है। अंग थरथर काँपने लगते हैं।

खंभा : मेरी तबीयत ही लोहे की है जो मैं बीमार नहीं पड़ता, वरना कोई भी इस तरह बारिश, ठंडी, धूप में खड़ा रहे, तो ज़रूर बीमार पड़ जाए। पड़ जाएगा या नहीं? कितने दिन बीत गए, कितनी रातें, लेकिन मैं बराबर इसी तरह खड़ा हूँ। ***(लंबी ठंडी साँस छोड़कर)*** छे! चुंगी की यह नौकरी भी कोई नौकरी है!

पेड़ : अपने पत्तों का कोट पहनकर मुझे सरदी, बारिश या धूप में उतनी तकलीफ़ नहीं होती, तो भी तुमसे बहुत पहले का खड़ा हूँ मैं यहाँ। यहीं मेरा जन्म हुआ—इसी जगह। तब सब कुछ कितना

अलग था यहाँ। वहाँ के, वे सब ऊँचे-ऊँचे घर नहीं थे तब। यह सड़क भी नहीं थी। वह सिनेमा का बड़ा सा पोस्टर और उसमें नाचनेवाली औरत भी तब नहीं थी। सिर्फ़ सामने का यह समुद्र था। बहुत अकेलापन महसूस होता था। तुम्हें जब यहाँ लाकर खड़ा किया गया तो सोचा, चलो कोई साथी तो मिला–इतना ही सही। लेकिन वो भी कहाँ? तुम शुरू-शुरू में मुझसे बोलने को ही तैयार नहीं थे। मैंने बहुत बार कोशिश की, पर तुम्हारी अकड़ जहाँ थी वहीं कायम! बाद में मैंने भी सोच लिया, इसकी नाक इतनी ऊँची है तो रहने दो। मैंने भी कभी आवाज़ नहीं लगाई, हाँ! अपना भी स्वभाव ज़रा ऐसा ही है।

खंभा : और एक दिन जब आँधी-पानी में मैं बिलकुल तुम्हारे ऊपर ही आ पड़ा?

पेड़ : बाप रे! कैसा था वो आँधी-पानी का तूफ़ान! अबबऽब!

खंभा : तुम खड़े थे, इसीलिए मैं कुछ संभल गया, हाँ। तुमने मुझे ऊपर का ऊपर झेल लिया, वह अच्छा हुआ। चाहे तुम खुद काफ़ी ज़ख्मी हो गए। बाद में मेरा गरूर भी झड़ गया और अपनी दोस्ती हो गई।

पेड़ : हूँ! हवा आज भी बहुत है।

दोनों चुप। हवा की आवाज़। कुत्ते का भौंकना। पोस्टर पर बनी नाचनेवाली औरत टेढ़ी हो जाती है। उसके घुँघरू बजते हैं। वह फिर पहले की तरह स्थिर हो जाती है। लैटरबक्स किसी दोहे का एक चरण गुनगुनाता है और रुक जाता है।

कौआ : ***(पेड़ के पीछे से झाँककर)*** काँऽव। कौन है जो रात के वक्त इतनी मीठी आवाज़ें लगाकर मेरी नींद खराब करता है? ज़राभर चैन नहीं इन्हें।

लैटरबक्स : हूँ! मीठी आवाज़ में नहीं गाएँ तो क्या इस कौए जैसी कर्कश काँव-काँव करें? कहता है—ज़राभर भी चैन नहीं। ***(पेट में हाथ डालकर एक पत्र निकालता है। धीरे से जीभ को लगाकर खोलता है। उसमें से कागज़ निकालकर रोशनी में पढ़ने लगता है।)*** यह किसकी चिट्ठी आकर पड़ी है? हैडमास्टर? ठीक। क्या कहता है? श्रीमान, श्रीयुत् गोविंद राव जी...ऊँ-ऊँ...आपका लड़का परीक्षित पढ़ाई में काफ़ी कमज़ोर है। क्लास में उसका ध्यान पढ़ाई में बिलकुल नहीं रहता। इसकी बजाय उसे क्लास से गायब रहकर बंटे खेलना ज़्यादा अच्छा लगता है। आप एक बार खुद आकर मुझसे मिलिए...मिलिए? परीक्षित के पापा हैडमास्टर से मिल भी लेंगे, तो क्या हो जाएगा? स्कूल में बच्चे पढ़ें नहीं, क्लास से गायब रहकर बंटे खेलते रहें, इसका क्या मतलब? फ़ीस के पैसे क्या फोकट में आते हैं? सभी पापा लोग आफ़िस में इतना काम करते हैं तब कहीं जाकर मिलते हैं पैसे। उन्हें ये बच्चे फोकट के समझें, आखिर क्यों? छे! मुझे हैडमास्टर होना चाहिए था। इस परीक्षित के होश तब मैं अच्छी तरह ठिकाने लगाता। ***(वह पत्र रखकर दूसरा निकालता है।)*** यह किसका है?

खंभा : क्यों, लाल ताऊ, आज किस-किस के पत्र चोरी-चोरी पढ़ते रहे?

लैटरबक्स : ***(आश्चर्य से)*** चोरी-चोरी? चोरी किसलिए? सभी चिट्ठियाँ मेरे ही तो कब्ज़े में होती हैं। अच्छी तरह रोज़-रोज़ पढ़ता हूँ।

पेड़ : कब्ज़े में होने का मतलब यह तो नहीं, लाल ताऊ, कि लोगों की चिट्ठियाँ फाड़-फाड़कर पढ़ते रहो? पोस्टमास्टर को पता चल गया तो?

लैटरबक्स : चलता है पता तो चल जाने दो। मेरी तरह यहाँ रात-दिन बैठकर दिखाएँ तब पता चले। परसों वह पोस्टमैन मेरे पेट में से चिट्ठियाँ

निकाल रहा था और मुझे इतनी लंबी जम्हाई आई कि रोके नहीं रुकी। ***(जम्हाई लेता है।)*** वह देखता ही रह गया। चिट्ठियों का बंडल बनाकर जल्दी-जल्दी चलता बना वह। लेकिन यह लैटरबक्स, इसे नहीं बोरियत होती एक जगह बैठे-बैठे? मैं कहता हूँ, चार चिट्ठियाँ मन बहलाने के लिए पढ़ भी लीं तो क्या हो गया?

पेड़ : लेकिन चिट्ठी जिसे लिखी गई हो, लाल ताऊ, उसे ही पढ़नी चाहिए। वह प्राइवेट होती है प्राइवेट।

लैटरबक्स : मैं कहाँ किसी की चिट्ठी पास रख लेता हूँ? जिसकी होती है उसे मिल ही जाती है। किसी की गुप्त बातें मैं कब बाहर निकलने देता हूँ? वह मुझ तक ही रहती हैं। इसीलिए तो मुझे अपना बहुत महत्त्व लगता है।

पेड़ : कोई आ रहा लगता है–

सब चुप हो जाते हैं। पोस्टर पर बनी नाचनेवाली का संतुलन फिर से बिगड़ता है। फिर पहले की तरह स्थिर और स्तब्ध हो जाती है। तेज़ हवा की भनभनाहट। भिखारी जैसा एक आदमी आता है। उसके कंधे पर सोई हुई एक लड़की है।

आदमी : मैं बच्चे उठानेवाला हूँ। दूसरा कोई काम करने की मेरी इच्छा नहीं होती। अभी थोड़ी देर पहले एक घर से यह लड़की उठाई है मैंने। गहरी नींद सो रही थी। अब तक उठी नहीं है। उठेगी भी नहीं, मैंने इसे थोड़ी बेहोशी की दवा जो दी है। अब मुझे लगी है भूख। दिनभर कुछ खाने का वक्त ही नहीं मिला। पेट में जैसे चूहे दौड़ रहे हों!...तो ऐसा किया जाए...इसे यहीं लेटाकर अपने ज़रा कुछ खाने की तलाश करें...देखें कुछ मिल जाए तो! इतनी रात गए यहाँ इस वक्त अब किसी का आना मुमकिन नहीं।

पेड़ की ओट में लड़की को डाल देता है। उस पर अपना कोट फैला देता है और इधर-उधर ज़रा चौकस होकर देखता है। फिर एक-एक कदम सावधानी से रखता हुआ निकल जाता है।

खंभा : ***(पेड़ से)*** श-ऽऽ! पेड़ राजा, दाल में कुछ काला नज़र आता है।

पेड़ : वह ज़रूर बहुत बुरा आदमी है कोई। और यह लड़की तो छोटी सी है।

लैटरबक्स : वह उसे कहीं से उठाकर लाया है। मैंने सुना है।

पेड़ : ***(कौए को जगाते हुए)*** श श श! एऽए कौए, जाग न? जाग!

कौआ : दिन हो गया?

पेड़ : नहीं, दिन नहीं हुआ, पर एक दुष्ट आदमी एक छोटी सी लड़की को कहीं से उठाकर ले आया है। चुप्प! वो आदमी इस वक्त यहाँ नहीं है। वो लड़की उठ जाएगी तो चिल्लाएगी।

कौआ : ***(आलस से उठते हुए)*** आँखों पर एक चुल्लू पानी डालकर अभी आया। ***(जाता है।)***

खंभा : भयंकर, बहुत ही भयंकर!

पेड़ : ***(झुककर लड़की को देखकर)*** बच्ची बहुत प्यारी है। कौन जाने किसकी है!

लैटरबक्स : ***(मुड़कर देखते हुए)*** नासपीटे* ने सोई हुई को उठा लिया कहीं से। चील जैसे चूहा उठा लेती है, वैसे।

खंभा : मैं भी देखना चाहता हूँ उसे, पर मुझसे झुका ही नहीं जाता। लाल ताऊ, अभी भी सो रही है क्या वो?

लैटरबक्स : हाँ-हाँ...हाँ, खंभे महाराज।

कौआ : ***(आकर)*** कौन उठा लाया? किसे? बोलो अब।

पेड़ : इसे...इस छोटी लड़की को एक दुष्ट आदमी उठा लाया है।

कौआ : ***(देखकर)*** अच्छा...यह लड़की! और वह दुष्ट आदमी कहाँ है? इसे उठाकर लानेवाला?

खंभा : वह ज़रा गया है खाने की तलाश में...भूख लगी थी उसे।

लैटरबक्स : थोड़ी ही देर में आ जाएगा नासपीटा! और यह खिलौने-सी बच्ची...***(गला रुँध जाता है।)*** नहीं नहीं, ऐसी कल्पना भी नहीं की जा सकती। कौन जाने क्या होगा इस बच्ची का!

कौआ : हाँ सच! आजकल कुछ दुष्ट लोग बच्चों को उठा ले जाते हैं। मैं तो घूमता रहता हूँ न? ऐसा होते देखा है।

पेड़ : मैं बताऊँ? अपन यह काम नहीं होने देंगे।

लैटरबक्स : पर मैं कहता हूँ, यह होगा कैसे?

खंभा : होगा कैसे मतलब? उस दुष्ट को मज़े से इस बच्ची को उठा ले जाने दें?

कौआ : वह दुष्ट है कौन? पहले उसे नज़र तो आने दीजिए।

---

* ऐसे शब्दों का प्रयोग असंवैधानिक है। समाज के यथार्थ प्रतिबिंबन के लिए लेखक कई बार ऐसे शब्दों का प्रयोग साहित्य में करते रहे हैं, किंतु इसे व्यवहार में नहीं लाया जाना चाहिए।

लैटरबक्स : मैंने देखा है नासपीटे को। अच्छी तरह करीब से देखा है। बहुत ही दुष्ट लगा मुझे तो। कैसी नज़र थी उसकी! घड़ीभर को तो मुझे लगा, कहीं यह मुझे ही न उठा ले जाए।

कौआ : ताऊ, आपको?

खो खो करके हँसता है। छोटी लड़की अब तक कुछ जाग चुकी है। अधखुली आँखों से सामने देखती है—पेड़, खंभा, लैटरबक्स और कौआ एक दूसरे से बातें कर रहे हैं।

लैटरबक्स : इतना मुँह फाड़कर हँसने की क्या बात है इसमें?

खंभा : उसकी वह गंदी नज़र, यहाँ से मुझे भी खूब अच्छी तरह दिखाई दे रही थी।

पेड़ : छोटे बच्चों को उठाने से ज़्यादा बुरा काम और क्या हो सकता है?

लड़की उठकर बैठ जाती है। स्वप्न देखने जैसी भाव-मुद्रा।

लैटरबक्स : कैसा मन होता है नासपीटों का? उनका वहीं जानें! उनका वही जानें!

कौआ : ताऊ, एक जगह बैठे रहकर यह कैसे जान सकोगे? उसके लिए तो मेरी तरह रोज़ चारों दिशाओं में गश्त लगानी पड़ेगी, तब जान पाओगे यह सब।

पेड़ : काफ़ी समझदार है तू। अरे यह हमसे कैसे हो सकेगा?

लड़की स्वप्न देखती हुई-सी खड़ी है।

लड़की : अं? क्या? ये सब बोल रहे हैं? लैटरबक्स, बिजली का खंभा, यह पेड़...कौआ...

कौआ सबको इशारा करता है। तभी सब एकदम चुप, स्तब्ध हो जाते हैं। लड़की इन सबके पास जाकर खड़ी हो जाती है। अच्छी तरह सबको देखती है, पर सभी निर्जीव लगते हैं।

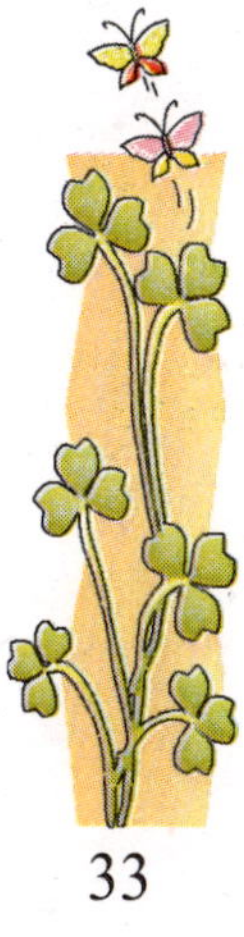

लड़की : ये तो ठीक लग रहे हैं। फिर मुझे जो दिखाई दिया वह सपना था...या कुछ और? ***(फिर गौर से देखती है, सभी निःस्तब्ध।)*** कौन बोल रहा था? कौन गप्पें मार रहा था? ***(सभी चुप)*** कौन बातें कर रहा था? मुझे...मुझे डर लग रहा है। मैं कहाँ हूँ? यह...

यह सब क्या है? मेरा घर कहाँ है? मेरे पापा कहाँ हैं? मम्मी कहाँ हैं? कहाँ हूँ मैं? मुझे...मुझे बहुत डर लग रहा है...बहुत डर लग रहा है। कैसा अँधेरा है चारों तरफ़! रात है...सपना देख रही थी मैं। पर सब सच है...कोई तो बोलो न...नहीं तो चीखूँगी मैं...चीखूँगी।

सभी चुप। स्तब्ध। लड़की घबराकर एक कोने में अंग सिकोड़कर बैठ जाती है। फिर अपना सिर घुटनों में डाल लेती है।

लड़की : मुझे डर लग रहा है...मुझे डर लग रहा है...

लैटरबक्स : ***(पेड़ से)*** अब मुझसे चुप नहीं रहा जाता...बहुत घबरा गई है। ***(आगे सरककर)*** बच्ची घबरा मत...

लड़की : ***(पहले ऊपर देखती है फिर सामने)*** कौन?

लैटरबक्स : मैं हूँ, लैटरबक्स।

लड़की : तुम...तुम बोलते हो?

लैटरबक्स : हाँ, मेरे मुँह नहीं है क्या?

लड़की : तुम चलते भी हो?

लैटरबक्स : हाँ, आदमियों को देख-देखकर।

लड़की : सच?

लैटरबक्स : उसमें क्या है? ***(थोड़ा चलकर दिखाता है)*** पर तू घबरा मत।

लड़की : ***(एकदम खिलखिलाकर हँसती है।)*** मज़्ज़ा! लैटरबक्स बोलता है...चलता भी है!

लैटरबक्स : ***(खुश होकर)*** वैसे मैं थोड़ा सा गा भी लेता हूँ। कुछ भजन वगैरह।

लड़की : सच?

लैटरबक्स : ***(भजन की एक लाइन गाता है।)*** हूँ!

लड़की : तुम मज़ेदार हो। बहुत-बहुत अच्छे हो।

लैटरबक्स : पर मैं बहुत लाल हूँ। नासपीटों के पास जैसे दूसरा रंग ही नहीं था। लाल रंग पोत दिया मुझ पर।

लड़की : लैटरबक्स, तुम सच्ची बहुत अच्छे हो। पर मुझे न, अभी भी बिलकुल सच नहीं लग रहा है। सपना लग रहा है...सपना।

लैटरबक्स : कभी न देखी हो ऐसी चीज़ देख लो यों ही लगता है। तू रहती कहाँ है?

लड़की : मैं अपने घर में रहती हूँ।

लैटरबक्स : बहुत अच्छे! हर किसी को अपने घर ही रहना चाहिए। पर तेरा यह घर है कहाँ?

लड़की : हँ? घर...हमारी गली में है।

लैटरबक्स : हम जैसे अपने घरों में रहते हैं वैसे ही घर भी गली में हो तो अच्छा रहता है। पर यह गली है कहाँ?

लड़की : सड़क पर। आसान तो है मिलनी। हमारी गली एक बड़ी सड़क पर है, हाँ। उस सड़क पर न, आदमी–ही–आदमी आते–जाते रहते हैं।

लैटरबक्स : यह तो अच्छा ही है कि हम घरों में हों, घर गली में, गलियाँ सड़कों पर और सड़कों पर बहुत से लोग हों। इससे चोरी–वोरी भी कम होती है। पर तुम्हारी इस सड़क का नाम क्या है?

लड़की : नाम? हमारे घरवाली सड़क।

लैटरबक्स : अरे, वह तो तुम्हारा दिया हुआ नाम है न? जैसे मुझे सबने नाम दिया है लाल ताऊ। पर मेरा असली नाम तो लैटरबक्स है।

लड़की : ये सब कौन? ये सब यानी कौन? यहाँ तो कोई नहीं है।

लैटरबक्स : ***(हड़बड़ाकर)*** है। नहीं–नहीं...यहाँ तो कोई नहीं। मैं वैसे बता रहा था तुझे...कोई मुझे ऐसे कहे तो...

पेड़, खंभा, कौआ–सभी ठंडी लंबी साँस लेते हैं।

लैटरबक्स : तो तेरी उस सड़क का–लोगों का दिया हुआ नाम क्या है?

लड़की : मुझे नहीं पता। सभी उसे सड़क कहते हैं, सच। कोई–कोई रोड भी कहता है, रोड।

लैटरबक्स : ***(पेट से लिफ़ाफ़े निकालकर दिखाते हुए)*** यह देख, इस पर जैसे पता लिखा हुआ है, वैसा पता नहीं है तेरा?

लड़की : मुझे नहीं पता। सच्ची, मुझे नहीं पता।

खंभा : ***(बीच में ही)*** कमाल है!

लड़की आश्चर्य से खंभे की तरफ़ देखती है। वह चुप।

लड़की : कौन बोला यह, कमाल है? अँ...कौन?

लैटरबक्स : खंभा...***(जीभ काटकर)*** नहीं-नहीं, यूँ ही लगा है तुझे। यूँ ही...

लड़की : मुझे सुनाई दिया है वहाँ से...ऊपर से।

पेड़ : हँ! ***(एकदम मुँह पर टहनी रखता है।)***

लड़की : देखो, वहाँ से...वहाँ से आई है आवाज़। ज़रूर आई है। उस पेड़ पर से आई है।

कौआ : मैंने नहीं की। ***(चोंच दबाकर रखता है।)***

लड़की : कौन बोला यह? कौन? कौआ?

खंभा : गधा है यह भी।

पेड़ : जब न बोलना हो तो ज़रूर...

पोस्टर पर बनी नाचनेवाली का संतुलन पुनः बिगड़ता है। वह फिर से अपने पाँव टिकाती है। घुँघरुओं की आवाज़।

लड़की : वो देखो, देखो, कोई नाच रहा है। ***(सभी एकटक देखते रहते हैं।)*** क्या है यह? क्या है? कौन बोलता है? कौन नाच रहा है? कौन?

लैटरबक्स : ***(प्यार से)*** देख, तू बिलकुल घबरा मत। हमीं बोल रहे हैं, हमीं नाच रहे हैं, चल रहे हैं, गा भी रहे हैं।

लड़की : हमीं मतलब कौन? बताओ न? बताओ जल्दी।

लैटरबक्स : हमीं...यानी कि हमीं...मैं लैटरबक्स, यह पेड़...वह बिजली का खंभा...यह कौआ भी। वह सिनेमा का पोस्टर।

लड़की : कसम से?

लैटरबक्स : कसम से। बस इनसानों के सामने हम नहीं करते यह सब। इनसानों को ऐसा दिखाई देता है, भूत करते हैं यह सब तो। घबरा जाते हैं। इसीलिए जब हम अकेले होते हैं तब बोलते, चलते, नाचते...

नाचनेवाली का संतुलत पुनः बिगड़ता है। घुँघरुओं की आवाज़। वह फिर पहले की स्थिति में आती है।

लड़की : मज़े हैं। खूब-खूब मज़े हैं! ***(अपने इर्द-गिर्द सबको देखती है।)*** लैटरबक्स, अब मुझे यहाँ डर नहीं लगता...ज़रा भी डर नहीं लगता।

खंभा
पेड़
कौआ : शाब्बाश!

लड़की हैरान होती है, फिर ताली बजाकर खिलखिलाकर हँसती है।

लड़की : सब चलकर पहले मेरे पास आओ। ***(सभी पहले हिचकिचाते हैं।)*** आओ न पास...। नहीं तो मैं नहीं बोलूँगी, जाओ। ***(सब बारी-बारी से पास आते हैं।)*** बैठो। ***(सब बैठ जाते हैं, सिर्फ़ खंभा सीधा खड़ा है।)*** खंभे...खंभे, नीचे बैठो। ***(वह अभी भी खड़ा है।)*** बैठो न! देखो, नहीं तो मैं रोऊँगी।

लैटरबक्स : अरे, मैं बताता हूँ तुझे। उससे बिलकुल बैठा नहीं जाता।

लड़की : क्यों?

पेड़ : क्योंकि जब से वह यहाँ खड़ा किया गया तबसे कभी बिलकुल बैठा ही नहीं।

लड़की : ***(व्याकुल होकर)*** अय्या रे! मतलब यह बिच्चारा लगातार खड़ा ही रहता है, टीचर से जैसे सज़ा मिली हो? ***(खंभा स्वीकृतिसूचक गरदन हिलाता है।)*** फिर तो चलो, हम सब मिलकर इसे बिठाते हैं। हँ? चलो...

सब मिलकर बड़े यत्न से खंभे को बैठाते हैं। बैठने में उसे बहुत तकलीफ़ होती है, लेकिन बाद में बैठ जाता है।

लड़की : ***(ताली बजाती है।)*** एक लड़का बैठ गया। बैठ गया जी, एक लंबा लड़का बैठ गया!

खंभा : ***(ज़रा सुख महसूस करते हुए)*** बहुत अच्छा लग रहा है बैठकर। सच-सच बताऊँ? हम खड़े रहते हैं न, तब बैठने का सपना देखते हैं। सपने में भी बैठना कितना अच्छा लगता है!

लड़की : मुझे भी वैसा ही लग रहा है। मैं यहाँ कैसे आ गई? मुझे बिलकुल भी पता नहीं।

पेड़ : मैंने देखा था...***(जीभ काटता है।)*** अहँ...मैंने नहीं देखा, मैं यह कह रहा था।

लड़की : यह लड़का जो जी में आए बोल देता है। तुम्हें ज़ीरो नंबर।

पेड़ : ***(खंभे को आँख मारकर)*** चलो ठीक। ज़ीरो तो ज़ीरो सही।

लड़की : ए, हम अब खेलें? हँ? ***(पोस्टर पर बनी नाचनेवाली का संतुलन फिर खोता है। घुँघरुओं की आवाज़।)*** मज़्ज़ा! एक लड़की बार-बार गिर रही है। गिर रही है। ***(ज़रा सोचकर)*** ए, मैं तुम्हें नाच करके दिखाऊँ? हँ? मेरी मम्मी ने सिखाया है मुझे। दिखाऊँ करके?

सभी : हाँ, हाँ, दिखाओ न? वाह!

लड़की नाच करने लगती है।

पेड़ : ***(खंभे से धीरे से)*** थोड़ी देर में वह भी आ जाएगा।

खंभा : कौन?

पेड़ : वह...वही...दुष्ट आदमी...वह बच्चे उठानेवाला।

खंभा : सचमुच! ***(कौए से)*** उसके आने का वक्त हो गया।

कौआ : किसके?

खंभा : हूँ...उस बच्चे उठानेवाले का। इसे अभी ले जाएगा वह।

लैटरबक्स : बाप रे! तब फिर?

पेड़ : क्या किया जाए?

खंभा : कुछ तो करना ही पड़ेगा!

पेड़ : लेकिन क्या?

पोस्टर पर बनी नाचनेवाली आती है। लड़की और वह दोनों मिलकर नाचने लगती हैं। सभी दाद देते हैं। नाच खूब रंग में आता है। सभी भाग लेते हैं पर बीच में ही एक दूसरे के कान में कुछ फुसफुसाते हैं। पुनः नाचते हैं। दाद देते हैं। तभी वह दुष्ट आदमी आता है। देखते ही सब निःस्तब्ध। नाचनेवाली

पोस्टर के बीच जा खड़ी होती है। सभी अपनी-अपनी जगह पर और वह लड़की घबराकर पेड़ के पीछे दुबक जाती है।

आदमी : ***(मूँछों पर हाथ फेरकर डकार लेता है।)*** वाह! पेट भर खा लिया। अब आगे चला जाए। ***(लड़की जहाँ सो रही थी वहाँ देखता है, सिर्फ़ कोट ही वहाँ दिखाई पड़ता है। उसका चेहरा बदलता है।)*** कहाँ गई? गई कहाँ वह छोकरी? मैं छोड़ूँगा नहीं उसे। अभी, पकड़ के लाता हूँ। मुझे चकमा देती है!

ढूँढ़ने लगता है। पेड़, खंभा, लैटरबक्स, पोस्टर इन सबके बीचोंबीच लपक-झपक कर लड़की बचने का प्रयत्न करती है और वह दुष्ट आदमी पीछे-पीछे। होते-होते सभी वस्तुएँ सरकते-सरकते उसके रास्ते में आने लगती हैं। उस छोटी लड़की का संरक्षण करने लगती हैं। धीरे-धीरे इस सारे क्रम का वेग बढ़ने लगता है जिसे ढोलक या तबले की ताल भी मिलती है। लड़की किसी भी तरह उस दुष्ट आदमी के हाथ नहीं लगती। तभी एकदम से कौआ चिल्लाता है।

कौआ : भूत!

पीछे-पीछे पेड़, खंभा, लैटरबक्स नाचते हुए चिल्लाने लगते हैं।

पेड़
खंभा
लैटरबक्स : भूत...भूत!

तीनों और ज़्यादा ज़ोर-ज़ोर से चिल्लाते-चीखते हैं। इसी के साथ 'भूत-भूत' करता वह दुष्ट आदमी घबराकर भाग निकलता है। सभी पेट पर हाथ रखे जी भरकर हँसते हैं।

खंभा : मज़ा आ गया!

कौआ : खूब भद्द उड़ाई!

पेड़ : क्यों उठाकर लाया था बच्ची को? बड़ा आया बच्चे चुराकर भागनेवाला! अच्छी खातिर की उसकी!

लैटरबक्स : अच्छी नाक कटी दुष्ट की।

खंभा : अरे, पर वो कहाँ है?

कौआ : वो कौन?

पेड़ : कौन?

खंभा : वो...वो छोटी...लड़की अपनी...

लैटरबक्स : अरे-अरे वो...वो कहाँ गई?

पेड़ : कौन?

कौआ : देखूँ...देखते हैं...

इधर-उधर देखते हैं, पर लड़की का कहीं पता नहीं। सभी चिंताग्रस्त।

खंभा : गई कहाँ?

कौआ : यहीं तो थी।

पेड़ : कहीं नहीं मिल रही।

लैटरबक्स : उठाकर तो नहीं ले गया बच्ची को बदमाश?

फिर से ढूँढ़ते हैं। लड़की नहीं मिलती। सभी घबराए हुए हैं। पोस्टर पर बनी नाचनेवाली भी जहाँ की तहाँ उसी भंगिमा में बैठी है।

कौआ : ***(निराश)*** नहीं भई, कहीं दिखाई नहीं देती।

पेड़ : मुझे तो लगता है, बहुत करके वही ले गया होगा उसे...

लैटरबक्स : कितनी प्यारी बच्ची थी रे, कितनी प्यारी!

खंभा : और स्वभाव कितना अच्छा था उसका।

सभी शोकग्रस्त बैठे हैं। तभी नाचनेवाली के पीछे से लड़की धीरे से झाँकती है।

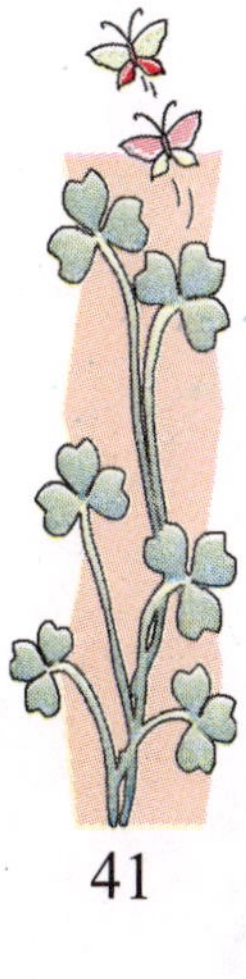

लड़की : ***(शरारत से)*** मैं यहाँ हूँ...मुझे पकड़ो!

सभी आनंदित होकर इधर-उधर देखने लगते हैं। उसे पकड़ने दौड़ते हैं। वह पकड़ में नहीं आती। सबको भगाती रहती है। सब थक जाते हैं। आखिर कौआ उसे पकड़ता है।

कौआ : ***(धप से)*** कैसे पकड़ ली!

लड़की : पर पहले कैसे घबरा गए थे सब? अहा! मज़्ज़ा! ***(ताली बजाती है। पोस्टर पर बनी नाचनेवाली भी ताली बजाती है। लड़की थककर बैठ जाती है।)*** खूब मज़्ज़ा आया। मुझे ज़रा साँस लेने दो अब। ए, पर मैं बहुत घबरा गई थी उस दुष्ट आदमी से। तुम्हीं ने बचा लिया मुझे। अहा मुझे...बहुत नींद आ रही है। थक गई मैं। ***(लेटती है।)*** बहुत थक गई। मुझे उठा देना, हाँ...फिर हम मज़ा करेंगे...बहुत थक गई। मुझे उठा देना, हाँ... फिर हम मज़ा करेंगे। ***(गहरी नींद सो जाती है। सब उसे देखते हुए खड़े हैं–प्यार से)।***

कौआ : सो गई बच्ची।

पेड़ : थक गई थी न बहुत? तभी झट से सो गई।

लैटरबक्स लड़की को प्रेम से थपथपाने लगता है। कौआ उसके पैर दबाता है।

खंभा : थोड़ी देर बाद सुबह हो जाएगी।

पेड़ : तब यह कहाँ जाएगी?

लैटरबक्स : उसे अपने घर का पता-ठिकाना ही नहीं मालूम, अपनी गली का नाम तक नहीं बता सकती वह। बेचारी को अपने पापा का नाम भी नहीं मालूम। छोटी है अभी।

खंभा : तो इसका क्या होगा? कहाँ जाएगी यह?

लैटरबक्स : सचमुच रे, कहाँ जाएगी?

कौआ : मैं बताऊँ?

सभी : क्या?

कौआ : हम सब मिलकर कुछ करें तो इसको पापा से मिलवा सकते हैं।

सभी : ***(उठकर)*** कैसे?

कौआ : आसान है। सुबह जब हो जाए पेड़ राजा, तो आप अपनी घनी-घनी छाया इस पर किए रहें, वह आराम से देर तक सोती रहेगी और खंभे महाराज, आप ज़रा टेढ़े होकर खड़े रहिए।

खंभा : इससे क्या होगा?

कौआ : पुलिस को लगेगा, एक्सीडैंट हो गया। वो यहाँ आएगी और हमारी इस छोटी सहेली को देखेगी। वो लगाएगी इसके घर का पता। पुलिस सबके घर का पता मालूम करती है। खोए हुए बच्चों को उनके घर पहुँचाती है।

खंभा : रहूँगा, मैं आड़ा होकर खड़ा रहूँगा। पर मान लो, पुलिस नहीं आई तो?

कौआ : मैं बराबर यहाँ ज़ोर-ज़ोर से काँव-काँव करता रहूँगा। लोगों का ध्यान इधर खींचूँगा। उनकी चीज़ें अपनी चोंच से उठा-उठाकर लाता जाऊँगा।

लैटरबक्स : पर तब भी कोई नहीं आया तो?

कौआ : तो आपको एक काम करना होगा, लाल ताऊ।

लैटरबक्स : ज़रूर करूँगा, अपनी अच्छी गुड़िया के लिए तो कुछ भी करूँगा। एक बार घर पहुँचा दिया कि सब ठीक हो गया समझो। क्या करूँ? बता।

कौआ : आपको लिखना-पढ़ना आता है न ?

कान में बात करने लगता है। तभी पोस्टर पर बनी नाचनेवाली गिर पड़ती हैं। घुँघरुओं की आवाज़। पुनः जैसे-तैसे वह अपनी पहले जैसी भंगिमा बनाकर खड़ी होती है।

लैटरबक्स : ***(बीच में ही कौए से)*** उससे क्या होगा?

कौआ उसके कान में और कुछ कहता है। लैटरबक्स स्वीकृति में गरदन हिलाता है। अँधेरा। कुछ देर बाद उजाला। सुबह

होती है। खंभा अपनी जगह पर टेढ़ा होकर खड़ा है। पेड़ सोई हुई लड़की पर झुककर अपनी छाया किए हुए है। कौए की काँव-काँव ज़ोर-ज़ोर से सुनाई दे रही है और सिनेमा के पोस्टर पर बड़े-बड़े अक्षरों में लिखा है—पापा खो गए हैं। पोस्टर पर बनी नाचनेवाली की इससे मेल खानेवाली भंगिमा। लैटरबक्स धीरे से सरकता हुआ प्रेक्षकों की ओर आता है।

लैटरबक्स : शः! शः! लाल ताऊ बोल रहा हूँ। आप में से किसी को अगर हमारी इस प्यारी सी बच्ची के पापा मिल जाएँ तो उन्हें जितनी जल्दी हो सके यहाँ ले आइएगा।

परदा गिरता है।

□ विजय तेंदुलकर

प्रश्न-अभ्यास

नाटक से

1. नाटक में आपको सबसे बुद्धिमान पात्र कौन लगा और क्यों?
2. पेड़ और खंभे में दोस्ती कैसे हुई?
3. लैटरबक्स को सभी लाल ताऊ कहकर क्यों पुकारते थे?
4. लाल ताऊ किस प्रकार बाकी पात्रों से भिन्न है?
5. नाटक में बच्ची को बचानेवाले पात्रों में एक ही सजीव पात्र है। उसकी कौन-कौन सी बातें आपको मज़ेदार लगीं? लिखिए।
6. क्या वजह थी कि सभी पात्र मिलकर भी लड़की को उसके घर नहीं पहुँचा पा रहे थे?

नाटक से आगे

1. अपने-अपने घर का पता लिखिए तथा चित्र बनाकर वहाँ पहुँचने का रास्ता भी बताइए।
2. मराठी से अनूदित इस नाटक का शीर्षक 'पापा खो गए' क्यों रखा गया होगा? अगर आपके मन में कोई दूसरा शीर्षक हो तो सुझाइए और साथ में कारण भी बताइए।
3. क्या आप बच्ची के पापा को खोजने का नाटक से अलग कोई और तरीका बता सकते हैं?

अनुमान और कल्पना

1. अनुमान लगाइए कि जिस समय बच्ची को चोर ने उठाया होगा वह किस स्थिति में होगी? क्या वह पार्क / मैदान में खेल रही होगी या घर से रूठकर भाग गई होगी या कोई अन्य कारण होगा?
2. नाटक में दिखाई गई घटना को ध्यान में रखते हुए यह भी बताइए कि अपनी सुरक्षा के लिए आजकल बच्चे क्या-क्या कर सकते हैं। संकेत के रूप में नीचे कुछ उपाय सुझाए जा रहे हैं। आप इससे अलग कुछ और उपाय लिखिए।
   - समूह में चलना।
   - एकजुट होकर बच्चा उठानेवालों या ऐसी घटनाओं का विरोध करना।
   - अनजान व्यक्तियों से सावधानीपूर्वक मिलना।

भाषा की बात

1. आपने देखा होगा कि नाटक के बीच-बीच में कुछ निर्देश दिए गए हैं। ऐसे निर्देशों से नाटक के दृश्य स्पष्ट होते हैं, जिन्हें नाटक खेलते हुए मंच पर दिखाया जाता है, जैसे-'सड़क / रात का समय...दूर कहीं कुत्तों के भौंकने की आवाज़।' यदि आपको रात का दृश्य मंच पर दिखाना हो तो क्या-क्या करेंगे, सोचकर लिखिए।
2. पाठ को पढ़ते हुए आपका ध्यान कई तरह के विराम चिह्नों की ओर गया होगा। अगले पृष्ठ पर दिए गए अंश से विराम चिह्नों को हटा दिया गया है। ध्यानपूर्वक पढ़िए तथा उपयुक्त चिह्न लगाइए-

मुझ पर भी एक रात आसमान से गड़गड़ाती बिजली आकर पड़ी थी अरे बाप रे वो बिजली थी या आफ़त याद आते ही अब भी दिल धक-धक करने लगता है और बिजली जहाँ गिरी थी वहाँ खड्डा कितना गहरा पड़ गया था खंभे महाराज अब जब कभी बारिश होती है तो मुझे उस रात की याद हो आती है, अंग थरथर काँपने लगते हैं

3. आसपास की निर्जीव चीज़ों को ध्यान में रखकर कुछ संवाद लिखिए, जैसे–
   - चॉक का ब्लैक बोर्ड से संवाद
   - कलम का कॉपी से संवाद
   - खिड़की का दरवाज़े से संवाद
4. उपर्युक्त में से दस-पंद्रह संवादों को चुनें, उनके साथ दृश्यों की कल्पना करें और एक छोटा सा नाटक लिखने का प्रयास करें। इस काम में अपने शिक्षक से सहयोग लें।

0750CH08

शाम–एक किसान 6

आकाश का साफ़ा बाँधकर
सूरज की चिलम खींचता
बैठा है पहाड़,
घुटनों पर पड़ी है नदी चादर-सी,
पास ही दहक रही है
पलाश के जंगल की अँगीठी
अँधकार दूर पूर्व में
सिमटा बैठा है भेड़ों के गल्ले-सा।

अचानक–बोला मोर।
जैसे किसी ने आवाज़ दी–
'सुनते हो'।
चिलम औंधी
धुआँ उठा–
सूरज डूबा
अँधेरा छा गया।

❑ **सर्वेश्वरदयाल सक्सेना**

कविता के बारे में

कवि ने किसान के रूप में जाड़े की शाम के प्राकृतिक दृश्य का चित्रण किया है। इस प्राकृतिक दृश्य में पहाड़–बैठे हुए एक किसान की तरह दिखाई दे रहा है, आकाश–उसके सिर पर बँधे साफ़े के समान, पहाड़ के नीचे बहती हुई नदी–घुटनों पर रखी चादर-सी, पलाश के पेड़ों पर खिले लाल-लाल फूल–जलती अँगीठी के समान, पूर्व क्षितिज पर घना होता अँधकार–झुंड में बैठी भेड़ों जैसा और पश्चिम दिशा में डूबता सूरज–चिलम पर सुलगती आग की भाँति दिख रहा है। यह पूरा दृश्य शांत है। अचानक मोर बोल उठता है। मानो किसी ने आवाज़ लगाई–'सुनते हो'। इसके बाद यह दृश्य घटना में बदल जाता है–चिलम उलट जाती है, आग बुझ जाती है, धुआँ उठने लगता है, सूरज डूब जाता है, शाम ढल जाती है और रात का अँधेरा छा जाता है।

प्रश्न-अभ्यास

कविता से

1. इस कविता में शाम के दृश्य को किसान के रूप में दिखाया गया है–यह एक रूपक है। इसे बनाने के लिए पाँच एकरूपताओं की जोड़ी बनाई गई है। उन्हें उपमा कहते हैं। पहली एकरूपता आकाश और साफ़े में दिखाते हुए कविता में 'आकाश का साफ़ा' वाक्यांश आया है। इसी तरह तीसरी एकरूपता नदी और चादर में दिखाई गई है, मानो नदी चादर-सी हो। अब आप दूसरी, चौथी और पाँचवी एकरूपताओं को खोजकर लिखिए।
2. शाम का दृश्य अपने घर की छत या खिड़की से देखकर बताइए–

   (क) शाम कब से शुरू हुई?

   (ख) तब से लेकर सूरज डूबने में कितना समय लगा?

   (ग) इस बीच आसमान में क्या-क्या परिवर्तन आए?

3. मोर के बोलने पर कवि को लगा जैसे किसी ने कहा हो—'सुनते हो'। नीचे दिए गए पक्षियों की बोली सुनकर उन्हें भी एक या दो शब्दों में बाँधिए—

कबूतर	कौआ	मैना
तोता	चील	हंस

कविता से आगे

1. इस कविता को चित्रित करने के लिए किन-किन रंगों का प्रयोग करना होगा?
2. शाम के समय ये क्या करते हैं? पता लगाइए और लिखिए—

पक्षी	खिलाड़ी	फलवाले	माँ
पेड़-पौधे	पिता जी	किसान	बच्चे

3. हिंदी के एक प्रसिद्ध कवि सुमित्रानंदन पंत ने संध्या का वर्णन इस प्रकार किया है—

संध्या का झुटपुट—
बाँसों का झुरमुट—
है चहक रहीं चिड़ियाँ
टी-वी-टी--टुट्-टुट्

- ऊपर दी गई कविता और सर्वेश्वरदयाल जी की कविता में आपको क्या मुख्य अंतर लगा? लिखिए।

अनुमान और कल्पना

- शाम के बदले यदि आपको एक कविता सुबह के बारे में लिखनी हो तो किन-किन चीज़ों की मदद लेकर अपनी कल्पना को व्यक्त करेंगे? नीचे दी गई कविता की पंक्तियों के आधार पर सोचिए—

पेड़ों के झुनझुने
बजने लगे;
लुढ़कती आ रही है
सूरज की लाल गेंद।
उठ मेरी बेटी, सुबह हो गई।

—सर्वेश्वरदयाल सक्सेना

भाषा की बात

1. नीचे लिखी पंक्तियों में रेखांकित शब्दों को ध्यान से देखिए–
   (क) घुटनों पर पड़ी है नदी **चादर-सी**
   (ख) सिमटा बैठा है भेड़ों के **गल्ले-सा**
   (ग) पानी का **परदा-सा** मेरे आसपास था हिल रहा
   (घ) मँडराता रहता था एक **मरियल-सा** कुत्ता आसपास
   (ङ) दिल है **छोटा-सा** छोटी-सी आशा
   (च) घास पर फुदकती **नन्ही-सी** चिड़िया
   - इन पंक्तियों में सा/सी का प्रयोग व्याकरण की दृष्टि से कैसे शब्दों के साथ हो रहा है?
2. निम्नलिखित शब्दों का प्रयोग आप किन संदर्भों में करेंगे? प्रत्येक शब्द से दो-दो वाक्य बनाइए –

   औंधी   दहक   सिमटा

0750CH10

7 अपूर्व अनुभव

सभागार में शिविर लगने के दो दिन बाद तोत्तो-चान के लिए एक बड़ा साहस करने का दिन आया। इस दिन उसे यासुकी-चान से मिलना था। इस भेद का पता न तो तोत्तो-चान के माता-पिता को था, न ही यासुकी-चान के। उसने यासुकी-चान को अपने पेड़ पर चढ़ने का न्योता दिया था।

तोमोए में हरेक बच्चा बाग के एक-एक पेड़ को अपने खुद के चढ़ने का पेड़ मानता था। तोत्तो-चान का पेड़ मैदान के बाहरी हिस्से में कुहोन्बुत्सु जानेवाली सड़क के पास था। बड़ा सा पेड़ था उसका, चढ़ने जाओ तो पैर फिसल-फिसल जाते। पर, ठीक से चढ़ने पर ज़मीन से कोई छह फुट की ऊँचाई पर एक द्विशाखा तक पहुँचा जा सकता था। बिलकुल किसी झूले सी आरामदेह जगह थी यह। तोत्तो-चान अकसर खाने की छुट्टी के

समय या स्कूल के बाद ऊपर चढ़ी मिलती। वहाँ से वह सामने दूर तक ऊपर आकाश को या नीचे सड़क पर चलते लोगों को देखा करती थी।

बच्चे अपने-अपने पेड़ को निजी संपत्ति मानते थे। किसी दूसरे के पेड़ पर चढ़ना हो तो उससे पहले पूरी शिष्टता से, "माफ़ कीजिए, क्या मैं अंदर आ जाऊँ?" पूछना पड़ता था।

यासुकी-चान को पोलियो था, इसलिए वह न तो किसी पेड़ पर चढ़ पाता था और न किसी पेड़ को निजी संपत्ति मानता था। अतः तोत्तो-चान ने उसे अपने पेड़ पर आमंत्रित किया था। पर यह बात उन्होंने किसी से नहीं कही, क्योंकि अगर बड़े सुनते तो ज़रूर डाँटते।

घर से निकलते समय तोत्तो-चान ने माँ से कहा कि वह यासुकी-चान के घर डेनेनचोफु जा रही है। चूँकि वह झूठ बोल रही थी, इसलिए उसने माँ की आँखों में नहीं झाँका। वह अपनी नज़रें जूतों के फीतों पर ही गड़ाए रही। रॉकी उसके पीछे-पीछे स्टेशन तक आया। जाने से पहले उसे सच बताए बिना तोत्तो-चान से रहा नहीं गया।

"मैं यासुकी-चान को अपने पेड़ पर चढ़ने देनेवाली हूँ", उसने बताया।

जब तोत्तो-चान स्कूल पहुँची तो रेल-पास उसके गले के आसपास हवा में उड़ रहा था। यासुकी-चान उसे मैदान में क्यारियों के पास मिला। गरमी की छुट्टियों के कारण सब सूना पड़ा था। यासुकी-चान उससे कुल जमा एक ही वर्ष बड़ा था, पर तोत्तो-चान को वह अपने से बहुत बड़ा लगता था।

जैसे ही यासुकी-चान ने तोत्तो-चान को देखा, वह पैर घसीटता हुआ उसकी ओर बढ़ा। उसके हाथ अपनी चाल को स्थिर करने के लिए दोनों ओर फैले हुए थे। तोत्तो-चान उत्तेजित थी। वे दोनों आज कुछ ऐसा करनेवाले थे जिसका भेद किसी को भी पता न था। वह उल्लास में ठिठियाकर हँसने लगी। यासुकी-चान भी हँसने लगा।

तोत्तो-चान यासुकी-चान को अपने पेड़ की ओर ले गई और उसके बाद वह तुरंत चौकीदार के छप्पर की ओर भागी, जैसा उसने रात को ही तय कर लिया था। वहाँ से वह एक सीढ़ी घसीटती हुई लाई। उसे तने के सहारे ऐसे लगाया, जिससे वह द्विशाखा तक पहुँच जाए। वह कुरसी से ऊपर चढ़ी और सीढ़ी के किनारे को पकड़ लिया। तब उसने पुकारा, "ठीक है, अब ऊपर चढ़ने की कोशिश करो।"

यासुकी-चान के हाथ-पैर इतने कमज़ोर थे कि वह पहली सीढ़ी पर भी बिना सहारे के चढ़ नहीं पाया। इस पर तोत्तो-चान नीचे उतर आई और यासुकी-चान को पीछे से धकियाने लगी। पर तोत्तो-चान थी छोटी और नाज़ुक-सी, इससे अधिक सहायता क्या करती! यासुकी-चान ने अपना पैर सीढ़ी पर से हटा लिया और हताशा से सिर झुकाकर खड़ा हो गया। तोत्तो-चान को पहली बार लगा कि काम उतना आसान नहीं है जितना वह सोचे बैठी थी। अब क्या करे वह?

यासुकी-चान उसके पेड़ पर चढ़े, यह उसकी हार्दिक इच्छा थी। यासुकी-चान के मन में भी उत्साह था। वह उसके सामने गई। उसका लटका चेहरा इतना उदास था कि तोत्तो-चान को उसे हँसाने के लिए गाल फुलाकर तरह-तरह के चेहरे बनाने पड़े।

"ठहरो, एक बात सूझी है।"

वह फिर चौकीदार के छप्पर की ओर दौड़ी और हरेक चीज़ उलट-पुलटकर

देखने लगी। आखिर उसे एक तिपाई-सीढ़ी मिली जिसे थामे रहना भी ज़रूरी नहीं था।

वह तिपाई-सीढ़ी को घसीटकर ले आई तो अपनी शक्ति पर हैरान होने लगी। तिपाई की ऊपरी सीढ़ी द्विशाखा तक पहुँच रही थी।

"देखो, अब डरना मत," उसने बड़ी बहन की-सी आवाज़ में कहा, "यह डगमगाएगी नहीं।"

यासुकी-चान ने घबराकर तिपाई-सीढ़ी और पसीने से तरबतर तोत्तो-चान की ओर देखा। उसे भी काफ़ी पसीना आ रहा था। उसने पेड़ की ओर देखा और तब निश्चय के साथ पाँव उठाकर पहली सीढ़ी पर रखा।

उन दोनों को यह बिलकुल भी पता न चला कि कितना समय यासुकी-चान को ऊपर तक चढ़ने में लगा। सूरज का ताप उन पर पड़ रहा था, पर दोनों का ध्यान यासुकी-चान के ऊपर तक पहुँचने में रमा था। तोत्तो-चान नीचे से उसका एक-एक पैर सीढ़ी पर धरने में मदद कर रही थी। अपने सिर से वह उसके पिछले हिस्से को भी स्थिर करती रही। यासुकी-चान पूरी शक्ति के साथ जूझ रहा था और आखिर वह ऊपर पहुँच गया।

"हुर्रे!" पर, उसे अचानक सारी मेहनत बेकार लगने लगी। तोत्तो-चान तो सीढ़ी पर से छलाँग लगाकर द्विशाखा पर पहुँच गई, पर यासुकी-चान को सीढ़ी से पेड़ पर लाने की हर कोशिश बेकार रही। यासुकी-चान सीढ़ी थामे तोत्तो-चान की ओर ताकने लगा। तोत्तो-चान की रुलाई छूटने को हुई। उसने

चाहा था कि यासुकी-चान को अपने पेड़ पर आमंत्रित कर तमाम नयी-नयी चीज़ें दिखाए।

पर, वह रोई नहीं। उसे डर था कि उसके रोने पर यासुकी-चान भी रो पड़ेगा। उसने यासुकी-चान का पोलियो से पिचकी और अकड़ी उँगलियोंवाला हाथ अपने हाथ में थाम लिया। उसके खुद के हाथ से वह बड़ा था, उँगलियाँ भी लंबी थीं। देर तक तोत्तो-चान उसका हाथ थामे रही। तब बोली, "तुम लेट जाओ, मैं तुम्हें पेड़ पर खींचने की कोशिश करती हूँ।"

उस समय द्विशाखा पर खड़ी तोत्तो-चान द्वारा यासुकी-चान को पेड़ की ओर खींचते अगर कोई बड़ा देखता तो वह ज़रूर डर के मारे चीख उठता। उसे वे सच में जोखिम उठाते ही दिखाई देते। पर यासुकी-चान को तोत्तो-चान पर पूरा भरोसा था और वह खुद भी यासुकी-चान के लिए भारी खतरा उठा रही थी। अपने नन्हें-नन्हें हाथों से वह पूरी ताकत से यासुकी-चान को खींचने लगी। बादल का एक बड़ा टुकड़ा बीच-बीच में छाया करके उन्हें कड़कती धूप से बचा रहा था।

काफ़ी मेहनत के बाद दोनों आमने-सामने पेड़ की द्विशाखा पर थे। पसीने से तरबतर अपने बालों को चेहरे पर से हटाते हुए तोत्तो-चान ने सम्मान से झुककर कहा, "मेरे पेड़ पर तुम्हारा स्वागत है।"

यासुकी-चान डाल के सहारे खड़ा था। कुछ झिझकता हुआ वह मुसकराया। तब उसने पूछा, "क्या मैं अंदर आ सकता हूँ?"

उस दिन यासुकी-चान ने दुनिया की एक नयी झलक देखी, जिसे उसने पहले कभी न देखा था। "तो ऐसा होता है पेड़ पर चढ़ना", यासुकी-चान ने खुश होते हुए कहा।

वे बड़ी देर तक पेड़ पर बैठे-बैठे इधर-उधर की गप्पें लड़ाते रहे।

"मेरी बहन अमरीका में है, उसने बताया है कि वहाँ एक चीज़ होती है–टेलीविजन।" यासुकी-चान उमंग से भरा बता रहा था, "वह कहती है कि जब वह जापान में आ जाएगा तो हम घर बैठे-बैठे ही सूमो-कुश्ती देख सकेंगे। वह कहती है कि टेलीविजन एक डिब्बे जैसा होता है।"

तोत्तो-चान उस समय यह तो न समझ पाई कि यासुकी-चान के लिए, जो कहीं भी दूर तक चल नहीं सकता था, घर बैठे चीज़ों को देख लेने के क्या अर्थ होंगे? वह तो यह ही सोचती रही कि सूमो पहलवान घर में रखे किसी डिब्बे में कैसे समा जाएँगे? उनका आकार तो बड़ा होता है, पर बात उसे बड़ी लुभावनी लगी। उन दिनों टेलीविजन के बारे में कोई नहीं जानता था। पहले-पहल यासुकी-चान ने ही तोत्तो-चान को उसके बारे में बताया था।

पेड़ मानो गीत गा रहे थे और दोनों बेहद खुश थे। यासुकी-चान के लिए पेड़ पर चढ़ने का यह पहला और अंतिम मौका था।

❑ तेत्सुको कुरियानागी

(अनुवाद–पूर्वा याज्ञिक कुशवाहा)

पाठ के बारे में

'तोत्तो-चान' विश्व साहित्य की एक अमूल्य निधि है, जो मूलतः जापानी भाषा में लिखी गई है। इसका अनुवाद विश्व की कई भाषाओं में हो चुका है। यह एक ऐसी अद्‌भुत पाठशाला और उसमें पढ़नेवाले बच्चों की कहानी है जिनके लिए रेल के डिब्बे कक्षाएँ थीं, गहरी जड़ोंवाले पेड़ पाठशाला का गेट, शाखा बच्चों के खेलने के कोने। इस अनोखे स्कूल के संस्थापक थे श्री कोबायाशी। लेखिका स्वयं इस स्कूल की छात्रा थीं। उन्हीं के बचपन के अनुभवों पर आधारित है पुस्तक 'तोत्तो-चान' का यह अंश 'अपूर्व अनुभव'।

प्रश्न-अभ्यास

पाठ से

1. यासुकी-चान को अपने पेड़ पर चढ़ाने के लिए तोत्तो-चान ने अथक प्रयास क्यों किया? लिखिए।
2. दृढ़ निश्चय और अथक परिश्रम से सफलता पाने के बाद तोत्तो-चान और यासुकी-चान को अपूर्व अनुभव मिला, इन दोनों के अपूर्व अनुभव कुछ अलग-अलग थे। दोनों में क्या अंतर रहे? लिखिए।
3. पाठ में खोजकर देखिए—कब सूरज का ताप यासुकी-चान और तोत्तो-चान पर पड़ रहा था, वे दोनों पसीने से तरबतर हो रहे थे और कब बादल का एक टुकड़ा उन्हें छाया देकर कड़कती धूप से बचाने लगा था। आपके अनुसार इस प्रकार परिस्थिति के बदलने का कारण क्या हो सकता है?
4. 'यासुकी-चान के लिए पेड़ पर चढ़ने का यह.........अंतिम मौका था।'—इस अधूरे वाक्य को पूरा कीजिए और लिखकर बताइए कि लेखिका ने ऐसा क्यों लिखा होगा?

पाठ से आगे

1. तोत्तो-चान ने अपनी योजना को बड़ों से इसलिए छिपा लिया कि उसमें जोखिम था, यासुकी-चान के गिर जाने की संभावना थी। फिर भी उसके मन में यासुकी-चान को पेड़ पर चढ़ाने की दृढ़ इच्छा थी। ऐसी दृढ़ इच्छाएँ बुद्धि और कठोर परिश्रम से अवश्य पूरी हो जाती हैं। आप किस तरह की सफलता के लिए तीव्र इच्छा और बुद्धि का उपयोग कर कठोर परिश्रम करना चाहते हैं?
2. हम अकसर बहादुरी के बड़े-बड़े कारनामों के बारे में सुनते रहते हैं, लेकिन 'अपूर्व अनुभव', कहानी एक मामूली बहादुरी और जोखिम की ओर हमारा ध्यान खींचती है। यदि आपको अपने आसपास के संसार में कोई रोमांचकारी अनुभव प्राप्त करना हो तो कैसे प्राप्त करेंगे?

अनुमान और कल्पना

1. अपनी माँ से झूठ बोलते समय तोत्तो-चान की नज़रें नीचे क्यों थीं?

2. यासुकी-चान जैसे शारीरिक चुनौतियों से गुज़रनेवाले व्यक्तियों के लिए चढ़ने-उतरने की सुविधाएँ हर जगह नहीं होतीं। लेकिन कुछ जगहों पर ऐसी सुविधाएँ दिखाई देती हैं। उन सुविधावाली जगहों की सूची बनाइए।

भाषा की बात

1. **द्विशाखा** शब्द **द्वि** और **शाखा** के योग से बना है। द्वि का अर्थ है–दो और शाखा का अर्थ है–डाल। द्विशाखा पेड़ के तने का वह भाग है जहाँ से दो मोटी-मोटी डालियाँ एक साथ निकलती हैं। द्वि की भाँति आप **त्रि** से बननेवाला शब्द **त्रिकोण** जानते होंगे। त्रि का अर्थ है तीन। इस प्रकार, चार, पाँच, छह, सात, आठ, नौ और दस संख्यावाची संस्कृत शब्द उपयोग में अकसर आते हैं। इन संख्यावाची शब्दों की जानकारी प्राप्त कीजिए और देखिए कि क्या इन शब्दों की ध्वनियाँ अंग्रेज़ी संख्या के नामों से कुछ-कुछ मिलती-जुलती हैं, जैसे–हिंदी-आठ, संस्कृत-अष्ट, अंग्रेज़ी-एट।
2. पाठ में 'ठिठियाकर हँसने लगी', 'पीछे से धकियाने लगी' जैसे वाक्य आए हैं। ठिठियाकर हँसने के मतलब का आप अवश्य अनुमान लगा सकते हैं। ठी-ठी-ठी हँसना या ठठा मारकर हँसना बोलचाल में प्रयोग होता है। इनमें हँसने की ध्वनि के एक खास अंदाज़ को हँसी का विशेषण बना दिया गया है। साथ ही ठिठियाना और धकियाना शब्द में 'आना' प्रत्यय का प्रयोग हुआ है। इस प्रत्यय से फ़िल्माना शब्द भी बन जाता है। 'आना' प्रत्यय से बननेवाले चार सार्थक शब्द लिखिए।

0750CH11

8 रहीम के दोहे

कहि रहीम संपति सगे, बनत बहुत बहु रीत।
बिपति कसौटी जे कसे, तेई साँचे मीत।।1।।

जाल परे जल जात बहि, तजि मीनन को मोह।
रहिमन मछरी नीर को, तऊ न छाँड़ति छोह।।2।।

तरुवर फल नहिं खात है, सरवर पियत न पान।
कहि रहीम परकाज हित, संपति-सचहिं सुजान।।3।।

थोथे बादर क्वार के, ज्यों रहीम घहरात।
धनी पुरुष निर्धन भए, करें पाछिली बात।।4।।

धरती की-सी रीत है, सीत घाम औ मेह।
जैसी परे सो सहि रहे, त्यों रहीम यह देह।।5।।

प्रश्न-अभ्यास

दोहे से

1. पाठ में दिए गए दोहों की कोई पंक्ति कथन है और कोई कथन को प्रमाणित करनेवाला उदाहरण। इन दोनों प्रकार की पंक्तियों को पहचान कर अलग-अलग लिखिए।

2. रहीम ने क्वार के मास में गरजनेवाले बादलों की तुलना ऐसे निर्धन व्यक्तियों से क्यों की है जो पहले कभी धनी थे और बीती बातों को बताकर दूसरों को प्रभावित करना चाहते हैं? दोहे के आधार पर आप सावन के बरसने और गरजनेवाले बादलों के विषय में क्या कहना चाहेंगे?

दोहों से आगे

- नीचे दिए गए दोहों में बताई गई सच्चाइयों को यदि हम अपने जीवन में उतार लें तो उनके क्या लाभ होंगे? सोचिए और लिखिए–

  (क) तरुवर फल.................सचहिं सुजान।।

  (ख) धरती की-सी.................यह देह।।

भाषा की बात

1. निम्नलिखित शब्दों के प्रचलित हिंदी रूप लिखिए–

   जैसे–परे-पड़े (रे, ड़े)

बिपति	बादर
मछरी	सीत

2. नीचे दिए उदाहरण पढ़िए–

   (क) बनत बहुत बहु रीत।

   (ख) जाल परे जल जात बहि।

   - उपर्युक्त उदाहरणों की पहली पंक्ति में 'ब' का प्रयोग कई बार किया गया है और दूसरी में 'ज' का प्रयोग। इस प्रकार बार-बार एक ध्वनि के आने से भाषा की सुंदरता बढ़ जाती है। वाक्य रचना की इस विशेषता के अन्य उदाहरण खोजकर लिखिए।

0750CH13

एक तिनका 9

मैं घमंडों में भरा ऐंठा हुआ,
एक दिन जब था मुंडेरे पर खड़ा।
आ अचानक दूर से उड़ता हुआ,
एक तिनका आँख में मेरी पड़ा।

मैं झिझक उठा, हुआ बेचैन-सा,
लाल होकर आँख भी दुखने लगी।
मूँठ देने लोग कपड़े की लगे,
ऐंठ बेचारी दबे पाँवों भगी।

जब किसी ढब से निकल तिनका गया,
तब 'समझ' ने यों मुझे ताने दिए।
ऐंठता तू किसलिए इतना रहा,
एक तिनका है बहुत तेरे लिए।

❑ अयोध्या सिंह उपाध्याय 'हरिऔध'

प्रश्न-अभ्यास

कविता से

1. नीचे दी गई कविता की पंक्तियों को सामान्य वाक्य में बदलिए।

   जैसे–एक तिनका आँख में मेरी पड़ा–मेरी आँख में एक तिनका पड़ा।

   मूँठ देने लोग कपड़े की लगे–लोग कपड़े की मूँठ देने लगे।

   (क) एक दिन जब था मुंडेरे पर खड़ा– ....

   (ख) लाल होकर आँख भी दुखने लगी– ....

   (ग) ऐंठ बेचारी दबे पाँवों भगी– ....

   (घ) जब किसी ढब से निकल तिनका गया– ....

2. 'एक तिनका' कविता में किस घटना की चर्चा की गई है, जिससे घमंड नहीं करने का संदेश मिलता है?

3. आँख में तिनका पड़ने के बाद घमंडी की क्या दशा हुई?

4. घमंडी की आँख से तिनका निकालने के लिए उसके आसपास लोगों ने क्या किया?

5. 'एक तिनका' कविता में घमंडी को उसकी 'समझ' ने चेतावनी दी–

   ऐंठता तू किसलिए इतना रहा,
   एक तिनका है बहुत तेरे लिए।

   इसी प्रकार की चेतावनी कबीर ने भी दी है–

   तिनका कबहूँ न निंदिए, पाँव तले जो होय।
   कबहूँ उड़ि आँखिन परै, पीर घनेरी होय।।

   - इन दोनों में क्या समानता है और क्या अंतर? लिखिए।

अनुमान और कल्पना

1. इस कविता को कवि ने 'मैं' से आरंभ किया है–'मैं घमंडों में भरा ऐंठा हुआ'। कवि का यह 'मैं' कविता पढ़नेवाले व्यक्ति से भी जुड़ सकता है और तब अनुभव यह होगा कि कविता पढ़नेवाला व्यक्ति अपनी बात बता रहा है। यदि

कविता में 'मैं' की जगह 'वह' या कोई नाम लिख दिया जाए, तब कविता के वाक्यों में बदलाव आ जाएगा। कविता में 'मैं' के स्थान पर 'वह' या कोई नाम लिखकर वाक्यों के बदलाव को देखिए और कक्षा में पढ़कर सुनाइए।

2. नीचे दी गई पंक्तियों को ध्यान से पढ़िए–

    ऐंठ बेचारी दबे पाँवों भगी,
    तब 'समझ' ने यों मुझे ताने दिए।

- इन पंक्तियों में 'ऐंठ' और 'समझ' शब्दों का प्रयोग सजीव प्राणी की भाँति हुआ है। कल्पना कीजिए, यदि 'ऐंठ' और 'समझ' किसी नाटक में दो पात्र होते तो उनका अभिनय कैसा होता?

3. नीचे दी गई कबीर की पंक्तियों में तिनका शब्द का प्रयोग एक से अधिक बार किया गया है। इनके अलग-अलग अर्थों की जानकारी प्राप्त करें।

    उठा बबूला प्रेम का, तिनका उड़ा अकास।
    तिनका-तिनका हो गया, तिनका तिनके पास।।

भाषा की बात

- 'किसी <u>ढब से</u> निकलना' का अर्थ है किसी ढंग से निकलना। 'ढब से' जैसे कई वाक्यांशों से आप परिचित होंगे, जैसे–<u>धम से</u> वाक्यांश है लेकिन ध्वनियों में समानता होने के बाद भी <u>ढब से</u> और <u>धम से</u> जैसे वाक्यांशों के प्रयोग में अंतर है। 'धम से', 'छप से' इत्यादि का प्रयोग ध्वनि द्वारा क्रिया को सूचित करने के लिए किया जाता है। नीचे कुछ ध्वनि द्वारा क्रिया को सूचित करने वाले वाक्यांश और कुछ अधूरे वाक्य दिए गए हैं। उचित वाक्यांश चुनकर वाक्यों के खाली स्थान भरिए–

छप से	टप से	थर्र से	फुर्र से	सन् से

(क) मेंढक पानी में.........कूद गया।

(ख) नल बंद होने के बाद पानी की एक बूँद.........चू गई।

(ग) शोर होते ही चिड़िया.........उड़ी।

(घ) ठंडी हवा.........गुज़री, मैं ठंड में.........काँप गया।

0750CH14

खानपान की बदलती तसवीर 10

पिछले दस-पंद्रह वर्षों में हमारी खानपान की संस्कृति में एक बड़ा बदलाव आया है। इडली-डोसा-बड़ा-साँभर-रसम अब केवल दक्षिण भारत तक सीमित नहीं हैं। ये उत्तर भारत के भी हर शहर में उपलब्ध हैं और अब तो उत्तर भारत की 'ढाबा' संस्कृति लगभग पूरे देश में फैल चुकी है। अब आप कहीं भी हों, उत्तर भारतीय रोटी-दाल-साग आपको मिल ही जाएँगे। 'फ़ास्ट फ़ूड' (तुरंत भोजन) का चलन भी बड़े शहरों में खूब बढ़ा है। इस 'फ़ास्ट फ़ूड' में बर्गर, नूडल्स जैसी कई चीज़ें शामिल हैं। एक ज़माने में कुछ ही लोगों तक सीमित 'चाइनीज़ नूडल्स' अब संभवत: किसी के लिए अजनबी नहीं रहे।

'टू मिनट्स नूडल्स' के पैकेटबंद रूप से तो कम-से-कम बच्चे-बूढ़े सभी परिचित हो चुके हैं। इसी तरह नमकीन के कई स्थानीय प्रकार अभी तक भले मौजूद हों, लेकिन आलू-चिप्स के कई विज्ञापित रूप तेज़ी से घर-घर में अपनी जगह बनाते जा रहे हैं।

गुजराती ढोकला-गाठिया भी अब देश के कई हिस्सों में स्वाद लेकर खाए जाते हैं और बंगाली मिठाइयों की केवल रसभरी चर्चा ही नहीं होती, वे कई शहरों में पहले की तुलना में अधिक उपलब्ध हैं। यानी स्थानीय व्यंजनों के साथ ही अब अन्य प्रदेशों के व्यंजन-पकवान भी प्राय: हर क्षेत्र में मिलते हैं और मध्यमवर्गीय जीवन में भोजन-विविधता अपनी जगह बना चुकी है।

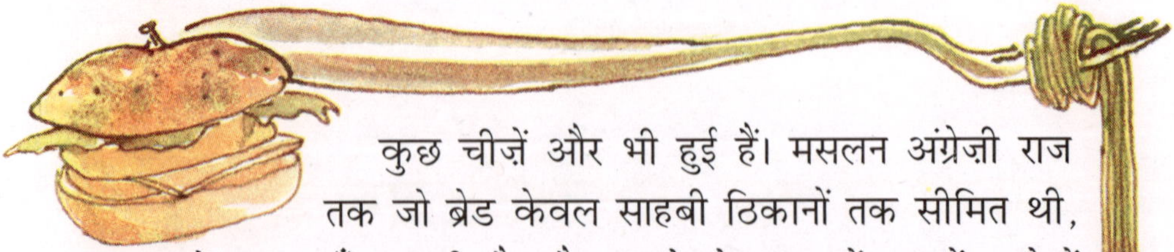

कुछ चीज़ें और भी हुई हैं। मसलन अंग्रेज़ी राज तक जो ब्रेड केवल साहबी ठिकानों तक सीमित थी, वह कस्बों तक पहुँच चुकी है और नाश्ते के रूप में लाखों-करोड़ों भारतीय घरों में सेंकी-तली जा रही है। खानपान की इस बदली हुई संस्कृति से सबसे अधिक प्रभावित नयी पीढ़ी हुई है, जो पहले के स्थानीय व्यंजनों के बारे में बहुत कम जानती है, पर कई नए व्यंजनों के बारे में बहुत-कुछ जानती है। स्थानीय व्यंजन भी तो अब घटकर कुछ ही चीज़ों तक सीमित रह गए हैं। बंबई की पाव-भाजी और दिल्ली के छोले-कुलचों की दुनिया पहले की तुलना में बड़ी ज़रूर है, पर अन्य स्थानीय व्यंजनों की दुनिया में छोटी हुई है। जानकार ये भी बताते हैं कि मथुरा के पेड़ों और आगरा के पेठे-नमकीन में अब वह बात कहाँ रही! यानी जो चीज़ें बची भी हुई हैं, उनकी गुणवत्ता में फ़र्क पड़ा है। फिर मौसम और ॠतुओं के अनुसार फलों-खाद्यान्नों से जो व्यंजन और पकवान बना करते थे, उन्हें बनाने की फुरसत भी अब कितने लोगों को रह गई है। अब गृहिणियों या कामकाजी महिलाओं के लिए खरबूज़े के बीज सुखाना-छीलना और फिर उनसे व्यंजन तैयार करना सचमुच दुःसाध्य है।

यानी हम पाते हैं कि एक ओर तो स्थानीय व्यंजनों में कमी आई है, दूसरी ओर वे ही देसी-विदेशी व्यंजन अपनाए जा रहे हैं, जिन्हें बनाने-पकाने में सुविधा हो। जटिल प्रक्रियाओं वाली चीज़ें तो कभी-कभार व्यंजन-पुस्तिकाओं के आधार पर तैयार की जाती हैं। अब शहरी जीवन में जो भागमभाग है, उसे देखते हुए यह स्थिति स्वाभाविक लगती है। फिर कमरतोड़ महँगाई ने भी लोगों को कई चीज़ों से धीरे-धीरे वंचित किया है। जिन व्यंजनों में बिना मेवों के स्वाद नहीं आता, उन्हें बनाने-पकाने के बारे में भला कौन चार बार नहीं सोचेगा!

खानपान की जो एक मिश्रित संस्कृति बनी है, इसके अपने सकारात्मक पक्ष भी हैं। गृहिणियों और कामकाजी महिलाओं को अब जल्दी तैयार हो जानेवाले विविध व्यंजनों की विधियाँ उपलब्ध हैं। नयी पीढ़ी को देश-विदेश के व्यंजनों को जानने का सुयोग मिला है—भले ही किन्हीं कारणों से और किन्हीं खास रूपों में (क्योंकि यह भी एक सच्चाई है कि ये विविध व्यंजन इन्हें निखालिस रूप में उपलब्ध नहीं हैं)।

आज़ादी के बाद उद्योग-धंधों, नौकरियों-तबादलों का जो एक नया विस्तार हुआ है, उसके कारण भी खानपान की चीज़ें किसी एक प्रदेश से दूसरे प्रदेश में पहुँची हैं। बड़े शहरों के मध्यमवर्गीय स्कूलों में जब दोपहर के 'टिफ़िन' के वक्त बच्चों के टिफ़िन-डिब्बे खुलते हैं तो उनसे विभिन्न प्रदेशों के व्यंजनों की एक खुशबू उठती है।

हम खानपान से भी एक-दूसरे को जानते हैं। इस दृष्टि से देखें तो खानपान की नयी संस्कृति में हमें राष्ट्रीय एकता के लिए नए बीज भी मिल सकते हैं। बीज भलीभाँति तभी अंकुरित होंगे जब हम खानपान से जुड़ी हुई दूसरी चीज़ों की ओर भी ध्यान देंगे। मसलन हम उस बोली-बानी, भाषा-भूषा आदि को भी किसी-न-किसी रूप में ज़्यादा जानेंगे, जो किसी खानपान-विशेष से जुड़ी हुई है।

इसी के साथ ध्यान देने की बात यह है कि 'स्थानीय' व्यंजनों का पुनरुद्धार भी ज़रूरी है जिन्हें अब 'एथनिक' कहकर पुकारने का चलन बढ़ा है। ऐसे स्थानीय व्यंजन केवल पाँच सितारा होटलों के प्रचारार्थ नहीं छोड़ दिए जाने चाहिए। पाँच सितारा होटलों में वे कभी-कभार मिलते रहें, पर घरों-बाज़ारों से गायब हो जाएँ तो यह एक दुर्भाग्य ही होगा। अच्छी तरह बनाई-पकाई गई पूड़ियाँ-कचौड़ियाँ-जलेबियाँ भी अब बाज़ारों से गायब हो रही हैं। मौसमी सब्ज़ियों से भरे हुए समोसे भी अब कहाँ मिलते हैं? उत्तर भारत में उपलब्ध व्यंजनों की भी दुर्गति हो रही है।

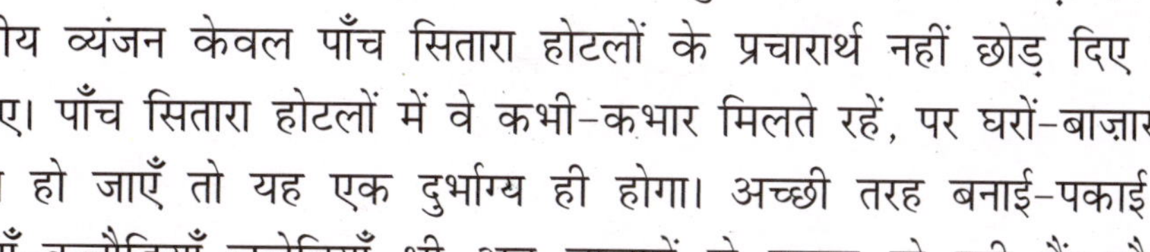

अचरज नहीं कि पहले उत्तर भारत में जो चीज़ें गली-मुहल्लों की दुकानों में आम हुआ करती थीं, उन्हें अब खास दुकानों में तलाशा जाता है। यह भी एक कड़वा सच है कि कई स्थानीय व्यंजनों को हमने तथाकथित आधुनिकता के चलते छोड़ दिया है और पश्चिम की नकल में बहुत सी ऐसी चीज़ें अपना ली हैं, जो स्वाद, स्वास्थ्य और सरसता के मामले में हमारे बहुत अनुकूल नहीं हैं।

हो यह भी रहा है कि खानपान की मिश्रित संस्कृति में हम कई बार चीज़ों का असली और अलग स्वाद नहीं ले पा रहे। अकसर प्रीतिभोजों और पार्टियों में एक साथ ढेरों चीज़ें रख दी जाती हैं और उनका स्वाद गड्डमड्ड होता रहता है। खानपान की मिश्रित या विविध संस्कृति हमें कुछ चीज़ें चुनने का अवसर देती है, हम उसका लाभ प्राय: नहीं उठा रहे हैं। हम अकसर एक ही प्लेट में कई तरह के और कई बार तो बिलकुल विपरीत प्रकृतिवाले व्यंजन परोस लेना चाहते हैं।

इसलिए खानपान की जो मिश्रित-विविध संस्कृति बनी है—और लग यही रहा है कि यही और अधिक विकसित होनेवाली है—उसे तरह-तरह से जाँचते रहना ज़रूरी है।

❑ ***प्रयाग शुक्ल***

प्रश्न-अभ्यास

निबंध से

1. खानपान की मिश्रित संस्कृति से लेखक का क्या मतलब है? अपने घर के उदाहरण देकर इसकी व्याख्या करें?
2. खानपान में बदलाव के कौन से फ़ायदे हैं? फिर लेखक इस बदलाव को लेकर चिंतित क्यों है?
3. खानपान के मामले में स्थानीयता का क्या अर्थ है?

निबंध से आगे

1. घर में बातचीत करके पता कीजिए कि आपके घर में क्या चीज़ें पकती हैं और क्या चीज़ें बनी-बनाई बाज़ार से आती हैं? इनमें से बाज़ार से आनेवाली कौन सी चीज़ें आपके माँ-पिता जी के बचपन में घर में बनती थीं?

2. यहाँ खाने, पकाने और स्वाद से संबंधित कुछ शब्द दिए गए हैं। इन्हें ध्यान से देखिए और इनका वर्गीकरण कीजिए—

उबालना, तलना, भूनना, सेंकना, दाल, भात, रोटी, पापड़, आलू, बैंगन, खट्टा, मीठा, तीखा, नमकीन, कसैला

भोजन	कैसे पकाया	स्वाद

3. छौंक चावल कढ़ी

- इन शब्दों में क्या अंतर है? समझाइए। इन्हें बनाने के तरीके विभिन्न प्रांतों में अलग-अलग हैं। पता करें कि आपके प्रांत में इन्हें कैसे बनाया जाता है।

4. पिछली शताब्दी में खानपान की बदलती हुई तसवीर का खाका खींचें तो इस प्रकार होगा—

सन् साठ का दशक	–	छोले-भटूरे
सन् सत्तर का दशक	–	इडली, डोसा
सन् अस्सी का दशक	–	तिब्बती (चीनी) भोजन
सन् नब्बे का दशक	–	पीज़ा, पाव-भाजी

- इसी प्रकार आप कुछ कपड़ों या पोशाकों की बदलती तसवीर का खाका खींचिए।

5. मान लीजिए कि आपके घर कोई मेहमान आ रहे हैं जो आपके प्रांत का पारंपरिक भोजन करना चाहते हैं। उन्हें खिलाने के लिए घर के लोगों की मदद से एक व्यंजन-सूची (मेन्यू) बनाइए।

अनुमान और कल्पना

1. 'फ़ास्ट फ़ूड' यानी तुरंत भोजन के नफ़े-नुकसान पर कक्षा में वाद-विवाद करें।
2. हर शहर, कस्बे में कुछ ऐसी जगहें होती हैं जो अपने किसी खास व्यंजन के लिए जानी जाती हैं। आप अपने शहर, कस्बे का नक्शा बनाकर उसमें ऐसी सभी जगहों को दर्शाइए।
3. खानपान के मामले में शुद्धता का मसला काफ़ी पुराना है। आपने अपने अनुभव में इस तरह की मिलावट को देखा है? किसी फ़िल्म या अखबारी खबर के हवाले से खानपान में होनेवाली मिलावट के नुकसानों की चर्चा कीजिए।

भाषा की बात

1. **खानपान** शब्द, **खान** और **पान** दो शब्दों को जोड़कर बना है। खानपान शब्द में **और** छिपा हुआ है। जिन शब्दों के योग में **और**, **अथवा**, **या** जैसे योजक शब्द छिपे हों, उन्हें द्वंद्व समास कहते हैं। नीचे द्वंद्व समास के कुछ उदाहरण दिए गए हैं। इनका वाक्यों में प्रयोग कीजिए और अर्थ समझिए–

सीना-पिरोना	भला-बुरा	चलना-फिरना
लंबा-चौड़ा	कहा-सुनी	घास-फूस

2. कई बार एक शब्द सुनने या पढ़ने पर कोई और शब्द याद आ जाता है। आइए शब्दों की ऐसी कड़ी बनाएँ। नीचे शुरुआत की गई है। उसे आप आगे बढ़ाइए। कक्षा में मौखिक सामूहिक गतिविधि के रूप में भी इसे दिया जा सकता है–
इडली - दक्षिण - केरल - ओणम् - त्योहार - छुट्टी - आराम...

कुछ करने को

- उन विज्ञापनों को इकट्ठा कीजिए जो हाल ही के ठंडे पेय पदार्थों से जुड़े हैं। उनमें स्वास्थ्य और सफ़ाई पर दिए गए ब्योरों को छाँटकर देखें कि हकीकत क्या है?

0750CH15

नीलकंठ 11

उस दिन एक अतिथि को स्टेशन पहुँचाकर मैं लौट रही थी कि चिड़ियों और खरगोशों की दुकान का ध्यान आ गया और मैंने ड्राइवर को उसी ओर चलने का आदेश दिया।

बड़े मियाँ चिड़ियावाले की दुकान के निकट पहुँचते ही उन्होंने सड़क पर आकर ड्राइवर को रुकने का संकेत दिया। मेरे कोई प्रश्न करने के पहले ही उन्होंने कहना आरंभ किया, "सलाम गुरु जी! पिछली बार आने पर आपने मोर के बच्चों के लिए पूछा था। शंकरगढ़ से एक चिड़ीमार दो मोर के बच्चे पकड़ लाया है, एक मोर है, एक मोरनी। आप पाल लें। मोर के पंजों से दवा बनती है, सो ऐसे ही लोग खरीदने आए थे। आखिर मेरे सीने में भी तो इनसान का दिल है। मारने के लिए ऐसी मासूम चिड़ियों को कैसे दूँ! टालने के लिए मैंने कह दिया–'गुरु जी ने मँगवाए हैं।' वैसे यह कमबख्त रोज़गार ही खराब है। बस, पकड़ो-पकड़ो, मारो-मारो।"

बड़े मियाँ के भाषण की तूफ़ानमेल के लिए कोई निश्चित स्टेशन नहीं है। सुननेवाला थककर जहाँ रोक दे वहीं स्टेशन मान लिया जाता है। इस तथ्य से परिचित होने के कारण ही मैंने बीच में उन्हें रोककर पूछा, "मोर के बच्चे हैं कहाँ?" बड़े मियाँ के हाथ के संकेत का अनुसरण करते हुए मेरी दृष्टि एक तार के छोटे-से पिंजड़े तक पहुँची जिसमें तीतरों के समान दो बच्चे बैठे थे। पिंजड़ा इतना संकीर्ण था कि वे पक्षी-शावक जाली के गोल फ्रेम में किसी जड़े चित्र जैसे लग रहे थे।

मेरे निरीक्षण के साथ-साथ बड़े मियाँ की भाषण-मेल चली जा रही थी, "ईमान कसम, गुरु जी–चिड़ीमार ने मुझसे इस मोर के जोड़े के नकद

तीस रुपये लिए हैं। बारहा कहा, भई ज़रा सोच तो, अभी इनमें मोर की कोई खासियत भी है कि तू इतनी बड़ी कीमत ही माँगने चला! पर वह मूँजी क्यों सुनने लगा। आपका खयाल करके अछता-पछताकर देना ही पड़ा। अब आप जो मुनासिब समझें।" अस्तु, तीस चिड़ीमार के नाम के और पाँच बड़े मियाँ के ईमान के देकर जब मैंने वह छोटा पिंजड़ा कार में रखा तब मानो वह जाली के चौखटे का चित्र जीवित हो गया। दोनों पक्षी-शावकों के छटपटाने से लगता था मानो पिंजड़ा ही सजीव और उड़ने योग्य हो गया है।

घर पहुँचने पर सब कहने लगे, "तीतर हैं, मोर कहकर ठग लिया है।"

कदाचित अनेक बार ठगे जाने के कारण ही ठगे जाने की बात मेरे चिढ़ जाने की दुर्बलता बन गई है। अप्रसन्न होकर मैंने कहा, "मोर के क्या सुरखाब के पर लगे हैं। है तो पक्षी ही।" चिढ़ा दिया जाने के कारण ही संभवतः उन दोनों पक्षियों के प्रति मेरे व्यवहार और यत्न में कुछ विशेषता आ गई।

पहले अपने पढ़ने-लिखने के कमरे में उनका पिंजड़ा रखकर उसका दरवाज़ा खोला, फिर दो कटोरों में सत्तू की छोटी-छोटी गोलियाँ और पानी रखा। वे दोनों चूहेदानी जैसे पिंजड़े से निकलकर कमरे में मानो खो गए, कभी मेज़ के नीचे घुस गए, कभी अलमारी के पीछे। अंत में इस लुकाछिपी से थककर उन्होंने मेरे रद्दी कागज़ों की टोकरी को अपने नए बसेरे का गौरव प्रदान किया। दो-चार दिन वे इसी प्रकार दिन में इधर-उधर गुप्तवास करते और रात में रद्दी की टोकरी में प्रकट होते रहे। फिर आश्वस्त हो जाने पर कभी मेरी मेज़ पर, कभी कुरसी पर और कभी मेरे सिर पर अचानक आविर्भूत होने लगे। खिड़कियों में तो जाली लगी थी, पर दरवाज़ा मुझे निरंतर बंद रखना पड़ता था। खुला रहने पर चित्रा (मेरी बिल्ली) इन नवागंतुकों का पता लगा सकती थी और तब उसके शोध का क्या परिणाम होता, यह अनुमान करना कठिन नहीं है। वैसे वह चूहों पर भी आक्रमण नहीं करती, परंतु यहाँ तो दो सर्वथा अपरिचित पक्षियों की अनधिकार चेष्टा का प्रश्न था। उसके लिए दरवाज़ा बंद रहे और ये दोनों (उसकी दृष्टि में) ऐरे-गैरे मेरी मेज़ को अपना सिंहासन बना लें, यह स्थिति चित्रा जैसी अभिमानिनी मार्जारी के लिए असह्य ही कही जाएगी।

जब मेरे कमरे का कायाकल्प चिड़ियाखाने के रूप में होने लगा, तब मैंने बड़ी कठिनाई से दोनों चिड़ियों को पकड़कर जाली के बड़े घर में पहुँचाया जो मेरे जीव-जंतुओं का सामान्य निवास है।

दोनों नवागंतुकों ने पहले से रहनेवालों में वैसा ही कुतूहल जगाया जैसा नववधू के आगमन पर परिवार में स्वाभाविक है। लक्का कबूतर नाचना छोड़कर दौड़ पड़े और उनके चारों ओर घूम-घूमकर गुटरगूँ-गुटरगूँ की रागिनी अलापने लगे। बड़े खरगोश सभ्य सभासदों के समान क्रम से बैठकर गंभीर भाव से उनका निरीक्षण करने लगे। ऊन की गेंद जैसे छोटे खरगोश उनके चारों ओर उछलकूद मचाने लगे। तोते मानो भलीभाँति देखने के लिए एक आँख बंद करके उनका परीक्षण करने लगे। उस दिन मेरे चिड़ियाघर में मानो भूचाल आ गया।

धीरे-धीरे दोनों मोर के बच्चे बढ़ने लगे। उनका कायाकल्प वैसा ही क्रमशः और रंगमय था जैसा इल्ली से तितली का बनना।

मोर के सिर की कलगी और सघन, ऊँची तथा चमकीली हो गई। चोंच अधिक बंकिम और पैनी हो गई, गोल आँखों में इंद्रनी की नीलाभ द्युति झलकने लगी। लंबी नील-हरित ग्रीवा की हर भंगिमा में धूपछाँही तरंगें उठने-गिरने लगीं। दक्षिण-वाम दोनों पंखों में सलेटी और सफ़ेद आलेखन स्पष्ट होने लगे। पूँछ लंबी हुई और उसके पंखों पर चंद्रिकाओं के इंद्रधनुषी रंग उद्दीप्त हो उठे। रंग-रहित पैरों को गरवीली गति ने एक नयी गरिमा से रंजित कर दिया। उसका गरदन ऊँची कर देखना, विशेष भंगिमा के साथ उसे नीची कर दाना चुगना, पानी पीना, टेढ़ी कर शब्द सुनना आदि क्रियाओं में जो सुकुमारता और सौंदर्य था, उसका अनुभव देखकर ही किया जा सकता है। गति का चित्र नहीं आँका जा सकता।

मोरनी का विकास मोर के समान चमत्कारिक तो नहीं हुआ—परंतु अपनी लंबी धूपछाँही गरदन, हवा में चंचल कलगी, पंखों की श्याम-श्वेत पत्रलेखा, मंथर गति आदि से वह भी मोर की उपयुक्त सहचारिणी होने का प्रमाण देने लगी।

नीलाभ ग्रीवा के कारण मोर का नाम रखा गया नीलकंठ और उसकी छाया के समान रहने के कारण मोरनी का नामकरण हुआ राधा।

मुझे स्वयं ज्ञात नहीं कि कब नीलकंठ ने अपने आपको चिड़ियाघर के निवासी जीव-जंतुओं का सेनापति और संरक्षक नियुक्त कर लिया। सवेरे ही वह सब खरगोश, कबूतर आदि की सेना एकत्र कर उस ओर ले जाता जहाँ दाना दिया जाता है और घूम-घूमकर मानो सबकी रखवाली करता रहता। किसी ने कुछ गड़बड़ की और वह अपने तीखे चंचु-प्रहार से उसे दंड देने दौड़ा।

खरगोश के छोटे बच्चों को वह चोंच से उनके कान पकड़कर ऊपर उठा लेता था और जब तक वे आर्तक्रंदन न करने लगते उन्हें अधर में लटकाए रखता। कभी-कभी उसकी पैनी चोंच से खरगोश के बच्चों का कर्णवेध संस्कार हो जाता था, पर वे फिर कभी उसे क्रोधित होने का अवसर न देते थे। दंडविधान के समान ही उन जीव-जंतुओं के प्रति उसका प्रेम भी असाधारण था। प्रायः वह मिट्टी में पंख फैलाकर बैठ जाता और वे सब उसकी लंबी पूँछ और सघन पंखों में छुआ-छुऔअल-सा खेलते रहते थे।

ऐसी ही किसी स्थिति में एक साँप जाली के भीतर पहुँच गया। सब जीव-जंतु भागकर इधर-उधर छिप गए, केवल एक शिशु खरगोश साँप की पकड़ में आ

गया। निगलने के प्रयास में साँप ने उसका आधा पिछला शरीर तो मुँह में दबा रखा था, शेष आधा जो बाहर था, उससे चीं-चीं का स्वर भी इतना तीव्र नहीं निकल सकता था कि किसी को स्पष्ट सुनाई दे सके। नीलकंठ दूर ऊपर झूले में सो रहा था। उसी के चौकन्ने कानों ने उस मंद स्वर की व्यथा पहचानी और वह पूँछ-पंख समेटकर सर से एक झपट्टे में नीचे आ गया। संभवतः अपनी सहज चेतना से ही उसने समझ लिया होगा कि साँप के फन पर चोंच मारने से खरगोश भी घायल हो सकता है।

उसने साँप को फन के पास पंजों से दबाया और फिर चोंच से इतने प्रहार किए कि वह अधमरा हो गया। पकड़ ढीली पड़ते ही खरगोश का बच्चा मुख से निकल तो आया, परंतु निश्चेष्ट-सा वहीं पड़ा रहा।

राधा ने सहायता देने की आवश्यकता नहीं समझी, परंतु अपनी मंद केका से किसी असामान्य घटना की सूचना सब ओर प्रसारित कर दी। माली पहुँचा, फिर हम सब पहुँचे। नीलकंठ जब साँप के दो खंड कर चुका, तब उस शिशु खरगोश के पास गया और रातभर उसे पंखों के नीचे रखे उष्णता देता रहा। कार्तिकेय ने अपने युद्ध-वाहन के लिए मयूर को क्यों चुना होगा, यह उस पक्षी का रूप और स्वभाव देखकर समझ में आ जाता है।

मयूर कलाप्रिय वीर पक्षी है, हिंसक मात्र नहीं। इसी से उसे बाज़, चील आदि की श्रेणी में नहीं रखा जा सकता, जिनका जीवन ही क्रूर कर्म है।

नीलकंठ में उसकी जातिगत विशेषताएँ तो थीं ही, उनका मानवीकरण भी हो गया था। मेघों की साँवली छाया में अपने इंद्रधनुष के गुच्छे जैसे पंखों को मंडलाकार बनाकर जब वह नाचता था, तब उस नृत्य में एक सहजात लय-ताल रहता था। आगे-पीछे, दाहिने-बाएँ क्रम से घूमकर वह किसी अलक्ष्य सम पर ठहर-ठहर जाता था।

राधा नीलकंठ के समान नहीं नाच सकती थी, परंतु उसकी गति में भी एक छंद रहता था। वह नृत्यमग्न नीलकंठ की दाहिनी ओर के पंख को छूती हुई बाईं ओर निकल आती थी और बाएँ पंख को स्पर्श कर दाहिनी ओर। इस प्रकार उसकी परिक्रमा में भी एक पूरक ताल-परिचय मिलता था। नीलकंठ ने कैसे

समझ लिया कि उसका नृत्य मुझे बहुत भाता है, यह तो नहीं बताया जा सकता, परंतु अचानक एक दिन वह मेरे जालीघर के पास पहुँचते ही अपने झूले से उतरकर नीचे आ गया और पंखों का सतरंगी मंडलाकार छाता तानकर नृत्य की भंगिमा में खड़ा हो गया। तब से यह नृत्य-भंगिमा नित्य का क्रम बन गई। प्राय: मेरे साथ कोई-न-कोई देशी-विदेशी अतिथि भी पहुँच जाता था और नीलकंठ की मुद्रा को अपने प्रति सम्मानपूर्वक समझकर विस्मयाभिभूत हो उठता था। कई विदेशी महिलाओं ने उसे 'परफ़ैक्ट जेंटिलमैन' की उपाधि दे डाली। जिस नुकीली पैनी चोंच से वह भयंकर विषधर को खंड-खंड कर सकता था, उसी से मेरी हथेली पर रखे हुए भुने चने ऐसी कोमलता से हौले-हौले उठाकर खाता था कि हँसी भी आती थी और विस्मय भी होता था। फलों के वृक्षों से अधिक उसे पुष्पित और पल्लवित वृक्ष भाते थे।

वंसत में जब आम के वृक्ष सुनहली मंजरियों से लद जाते थे, अशोक नए लाल पल्लवों से ढँक जाता था, तब जालीघर में वह इतना अस्थिर हो उठता कि उसे बाहर छोड़ देना पड़ता।

नीलकंठ और राधा की सबसे प्रिय ऋतु तो वर्षा ही थी। मेघों के उमड़ आने से पहले ही वे हवा में उसकी सजल आहट पा लेते थे और तब उनकी मंद केका की गूँज-अनुगूँज तीव्र से तीव्रतर होती हुई मानो बूँदों के उतरने के लिए सोपान-पंक्ति बनने लगती थी। मेघ के गर्जन के ताल पर ही उसके तन्मय नृत्य का आरंभ होता। और फिर मेघ जितना अधिक गरजता, बिजली जितनी अधिक चमकती, बूँदों की रिमझिमाहट जितनी तीव्र होती जाती, नीलकंठ के नृत्य का वेग उतना ही अधिक बढ़ता जाता और उसकी केका का स्वर उतना ही मंद्र से मंद्रतर होता जाता। वर्षा के थम जाने पर वह दाहिने पंजे पर दाहिना पंख और बाएँ पर बायाँ पंख फैलाकर सुखाता। कभी-कभी वे दोनों एक-दूसरे के पंखों से टपकनेवाली बूँदों को चोंच से पी-पीकर पंखों का गीलापन दूर करते रहते। इस आनंदोत्सव की रागिनी में बेमेल स्वर कैसे बज उठा, यह भी एक करुण कथा है।

एक दिन मुझे किसी कार्य से नखासकोने से निकलना पड़ा और बड़े मियाँ ने पहले के समान कार को रोक लिया। इस बार किसी पिंजड़े की ओर नहीं देखूँगी, यह संकल्प करके मैंने बड़े मियाँ की विरल दाढ़ी और सफ़ेद डोरे से कान में बंधी ऐनक को ही अपने ध्यान का केंद्र बनाया। पर बड़े मियाँ के पैरों के पास जो मोरनी पड़ी थी उसे अनदेखा करना कठिन था। मोरनी राधा के समान ही थी। उसके मूँज से बँधे दोनों पंजों की उँगलियाँ टूटकर इस प्रकार एकत्रित हो गई थीं कि वह खड़ी ही नहीं हो सकती थी।

बड़े मियाँ की भाषण-मेल फिर दौड़ने लगी—"देखिए गुरु जी, कमबख्त चिड़ीमार ने बेचारी का क्या हाल किया है। ऐसे कभी चिड़िया पकड़ी जाती है! आप न आई होतीं तो मैं उसी के सिर पर इसे पटक देता। पर आपसे भी यह अधमरी मोरनी ले जाने को कैसे कहूँ!"

सारांश यह कि सात रुपये देकर मैं उसे अगली सीट पर रखवाकर घर ले आई और एक बार फिर मेरे पढ़ने-लिखने का कमरा अस्पताल बना। पंजों की मरहमपट्टी और देखभाल करने पर वह महीनेभर में अच्छी हो गई। उँगलियाँ वैसी ही टेढ़ी-मेढ़ी रहीं, परंतु वह ठूँठ जैसे पंजों पर डगमगाती हुई चलने लगी। तब उसे जालीघर में पहुँचाया गया और नाम रखा गया—कुब्जा। नाम के अनुरूप

वह स्वभाव से भी कुब्जा ही प्रमाणित हुई। अब तक नीलकंठ और राधा साथ रहते थे। अब कुब्जा उन्हें साथ देखते ही मारने दौड़ती। चोंच से मार-मारकर उसने राधा की कलगी नोच डाली, पंख नोच डाले। कठिनाई यह थी कि नीलकंठ उससे दूर भागता था और वह उसके साथ रहना चाहती थी। न किसी जीव-जंतु से उसकी मित्रता थी, न वह किसी को नीलकंठ के समीप आने देना चाहती थी। उसी बीच राधा ने दो अंडे दिए, जिनको वह पंखों में छिपाए बैठी रहती थी। पता चलते ही कुब्जा ने चोंच मार-मारकर राधा को ढकेल दिया और फिर अंडे फोड़कर ठूँठ जैसे पैरों से सब ओर छितरा दिए।

इस कलह-कोलाहल से और उससे भी अधिक राधा की दूरी से बेचारे नीलकंठ की प्रसन्नता का अंत हो गया।

कई बार वह जाली के घर से निकल भागा। एक बार कई दिन भूखा-प्यासा आम की शाखाओं में छिपा बैठा रहा, जहाँ से बहुत पुचकारकर मैंने उतारा। एक बार मेरी खिड़की के शेड पर छिपा रहा।

मेरे दाना देने जाने पर वह सदा की भाँति पंखों को मंडलाकार बनाकर खड़ा हो जाता था, पर उसकी चाल में थकावट और आँखों में एक शून्यता रहती थी। अपनी अनुभवहीनता के कारण ही मैं आशा करती रही कि थोड़े दिन बाद सबमें मेल हो जाएगा। अंत में तीन-चार मास के उपरांत एक दिन सवेरे जाकर देखा कि नीलकंठ पूँछ-पंख फैलाए धरती पर उसी प्रकार बैठा हुआ है, जैसे खरगोश के बच्चों को पंखों में छिपाकर बैठता था। मेरे पुकारने पर भी उसके न उठने पर संदेह हुआ।

वास्तव में नीलकंठ मर गया था। 'क्यों' का उत्तर तो अब तक नहीं मिल सका है। न उसे कोई बीमारी हुई, न उसके रंग-बिरंगे फूलों के स्तबक जैसे शरीर पर किसी चोट का चिह्न मिला। मैं अपने शाल में लपेटकर उसे संगम ले गई। जब गंगा की बीच धार में उसे प्रवाहित किया गया, तब उसके पंखों की चंद्रिकाओं से बिंबित-प्रतिबिंबित होकर गंगा का चौड़ा पाट एक विशाल मयूर के समान तरंगित हो उठा। नीलकंठ के न रहने पर राधा तो निश्चेष्ट-सी कई दिन कोने में बैठी रही। वह कई बार भागकर लौट आया था, अतः वह प्रतीक्षा के भाव से द्वार

पर दृष्टि लगाए रहती थी। पर कुब्जा ने कोलाहल के साथ खोज-ढूँढ़ आरंभ की। खोज के क्रम में वह प्राय: जाली का दरवाज़ा खुलते ही बाहर निकल आती थी और आम, अशोक, कचनार आदि की शाखाओं में नीलकंठ को ढूँढ़ती रहती थी। एक दिन आम से उतरी ही थी कि कजली (अल्सेशियन कुत्ती) सामने पड़ गई। स्वभाव के अनुसार उसने कजली पर भी चोंच से प्रहार किया। परिणामत: कजली के दो दाँत उसकी गरदन पर लग गए। इस बार उसका कलह-कोलाहल और द्वेष-प्रेम भरा जीवन बचाया न जा सका। परंतु इन तीन पक्षियों ने मुझे पक्षी-प्रकृति की विभिन्नता का जो परिचय दिया है, वह मेरे लिए विशेष महत्त्व रखता है।

राधा अब प्रतीक्षा में ही दुकेली है। आषाढ़ में जब आकाश मेघाच्छन्न हो जाता है तब वह कभी ऊँचे झूले पर और कभी अशोक की डाल पर अपनी केका को तीव्रतर करके नीलकंठ को बुलाती रहती है।

❑ ***महादेवी वर्मा***

प्रश्न-अभ्यास

निबंध से

1. मोर-मोरनी के नाम किस आधार पर रखे गए?
2. जाली के बड़े घर में पहुँचने पर मोर के बच्चों का किस प्रकार स्वागत हुआ?
3. लेखिका को नीलकंठ की कौन-कौन सी चेष्टाएँ बहुत भाती थीं?
4. 'इस आनंदोत्सव की रागिनी में बेमेल स्वर कैसे बज उठा'-वाक्य किस घटना की ओर संकेत कर रहा है?
5. वसंत ऋतु में नीलकंठ के लिए जालीघर में बंद रहना असहनीय क्यों हो जाता था?
6. जालीघर में रहनेवाले सभी जीव एक-दूसरे के मित्र बन गए थे, पर कुब्जा के साथ ऐसा संभव क्यों नहीं हो पाया?

7. नीलकंठ ने खरगोश के बच्चे को साँप से किस तरह बचाया? इस घटना के आधार पर नीलकंठ के स्वभाव की विशेषताओं का उल्लेख कीजिए।

निबंध से आगे

1. यह पाठ एक 'रेखाचित्र' है। रेखाचित्र की क्या-क्या विशेषताएँ होती हैं? जानकारी प्राप्त कीजिए और लेखिका के लिखे किसी अन्य रेखाचित्र को पढ़िए।
2. वर्षा ऋतु में जब आकाश में बादल घिर आते हैं तब मोर पंख फैलाकर धीरे-धीरे मचलने लगता है–यह मोहक दृश्य देखने का प्रयास कीजिए।
3. पुस्तकालय से ऐसी कहानियों, कविताओं या गीतों को खोजकर पढ़िए जो वर्षा ऋतु और मोर के नाचने से संबंधित हों।

अनुमान और कल्पना

1. निबंध में आपने ये पंक्तियाँ पढ़ी हैं–'मैं अपने शाल में लपेटकर उसे संगम ले गई। जब गंगा की बीच धार में उसे प्रवाहित किया गया तब उसके पंखों की चंद्रिकाओं से बिंबित-प्रतिबिंबित होकर गंगा का चौड़ा पाट एक विशाल मयूर के समान तरंगित हो उठा।'–इन पंक्तियों में एक भावचित्र है। इसके आधार पर कल्पना कीजिए और लिखिए कि मोरपंख की चंद्रिका और गंगा की लहरों में क्या-क्या समानताएँ लेखिका ने देखी होंगी जिसके कारण गंगा का चौड़ा पाट एक विशाल मयूर पंख के समान तरंगित हो उठा।
2. नीलकंठ की नृत्य-भंगिमा का शब्दचित्र प्रस्तुत करें।

भाषा की बात

1. 'रूप' शब्द से कुरूप, स्वरूप, बहुरूप आदि शब्द बनते हैं। इसी प्रकार नीचे लिखे शब्दों से अन्य शब्द बनाओ–

गंध	रंग	फल	ज्ञान

2. **विस्मयाभिभूत** शब्द **विस्मय** और **अभिभूत** दो शब्दों के योग से बना है। इसमें विस्मय के य के साथ अभिभूत के अ के मिलने से या हो गया है। अ आदि वर्ण हैं। ये सभी वर्ण-ध्वनियों में व्याप्त हैं। व्यंजन वर्णों में इसके योग को स्पष्ट रूप से देखा जा सकता है, जैसे–क्+अ=क इत्यादि। अ की मात्रा

के चिह्न (ा) से आप परिचित हैं। अ की भाँति किसी शब्द में आ के भी जुड़ने से अकार की मात्रा ही लगती है, जैसे–मंडल+आकार=मंडलाकार। मंडल और आकार की संधि करने पर (जोड़ने पर) मंडलाकार शब्द बनता है और मंडलाकार शब्द का विग्रह करने पर (तोड़ने पर) मंडल और आकार दोनों अलग होते हैं। नीचे दिए गए शब्दों के संधि-विग्रह कीजिए–

संधि	**विग्रह**
नील + आभ =................................	सिंहासन =................................
नव + आगंतुक =................................	मेघाच्छन्न =................................

कुछ करने को

- चयनित व्यक्ति / पशु / पक्षी की खास बातों को ध्यान में रखते हुए एक रेखाचित्र बनाइए।

0750CH16

भोर और बरखा 12

जागो बंसीवारे ललना!
जागो मोरे प्यारे!
रजनी बीती, भोर भयो है, घर-घर खुले किंवारे।
गोपी दही मथत, सुनियत हैं कंगना के झनकारे।।
उठो लालजी! भोर भयो है, सुर-नर ठाढ़े द्वारे।
ग्वाल-बाल सब करत कुलाहल, जय-जय सबद उचारै।।
माखन-रोटी हाथ मँह लीनी, गउवन के रखवारे।
मीरा के प्रभु गिरधर नागर, सरण आयाँ को तारै।।

2

बरसे बदरिया सावन की।
सावन की, मन-भावन की।।
सावन में उमग्यो मेरो मनवा, भनक सुनी हरि आवन की।
उमड़-घुमड़ चहुँदिस से आया, दामिन दमकै झर लावन की।।
नन्हीं-नन्हीं बूँदन मेहा बरसे, शीतल पवन सुहावन की।
मीरा के प्रभु गिरधर नागर! आनंद-मंगल गावन की।।

❐ *मीरा बाई*

प्रश्न-अभ्यास

कविता से

1. 'बंसीवारे ललना', 'मोरे प्यारे', 'लाल जी', कहते हुए यशोदा किसे जगाने का प्रयास करती हैं और वे कौन-कौन सी बातें कहती हैं?
2. नीचे दी गई पंक्ति का आशय अपने शब्दों में लिखिए-
   'माखन-रोटी हाथ मँह लीनी, गउवन के रखवारे।'
3. पढ़े हुए पद के आधार पर ब्रज की भोर का वर्णन कीजिए।
4. मीरा को सावन मनभावन क्यों लगने लगा?
5. पाठ के आधार पर सावन की विशेषताएँ लिखिए।

कविता से आगे

1. मीरा भक्तिकाल की प्रसिद्ध कवयित्री थीं। इस काल के दूसरे कवियों के नामों की सूची बनाइए तथा उनकी एक-एक रचना का नाम लिखिए।
2. सावन वर्षा ऋतु का महीना है, वर्षा ऋतु से संबंधित दो अन्य महीनों के नाम लिखिए।

अनुमान और कल्पना

1. सुबह जगने के समय आपको क्या अच्छा लगता है?
2. यदि आपको अपने छोटे भाई-बहन को जगाना पड़े, तो कैसे जगाएँगे?
3. वर्षा में भीगना और खेलना आपको कैसा लगता है?
4. मीरा बाई ने सुबह का चित्र खींचा है। अपनी कल्पना और अनुमान से लिखिए कि नीचे दिए गए स्थानों की सुबह कैसी होती है–
   (क) गाँव, गली या मुहल्ले में
   (ख) रेलवे प्लेटफ़ॉर्म पर
   (ग) नदी या समुद्र के किनारे
   (घ) पहाड़ों पर

भाषा की बात

1. कृष्ण को 'गउवन के रखवारे' कहा गया है जिसका अर्थ है गौओं का पालन करनेवाले। इसके लिए एक शब्द दें।
2. नीचे दो पंक्तियाँ दी गई हैं। इनमें से पहली पंक्ति में रेखांकित शब्द दो बार आए हैं, और दूसरी पंक्ति में भी दो बार। इन्हें पुनरुक्ति (पुनः उक्ति) कहते हैं। पहली पंक्ति में रेखांकित शब्द विशेषण हैं और दूसरी पंक्ति में संज्ञा।

   'नन्हीं-नन्हीं बूँदन मेहा बरसे'
   'घर-घर खुले किंवारे'

   - इस प्रकार के दो-दो उदाहरण खोजकर वाक्य में प्रयोग कीजिए और देखिए कि विशेषण तथा संज्ञा की पुनरुक्ति के अर्थ में क्या अंतर है? जैसे–मीठी-मीठी बातें, फूल-फूल महके।

कुछ करने को

- कृष्ण को 'गिरधर' क्यों कहा जाता है? इसके पीछे कौन सी कथा है? पता कीजिए और कक्षा में बताइए।

0750CH17

वीर कुँवर सिंह 13

आपने सुभद्रा कुमारी चौहान की कविता 'झाँसी की रानी' छठी कक्षा में पढ़ी होगी। इस कविता में ठाकुर कुँवर सिंह का नाम भी आया है। आपको कविता की पंक्तियाँ याद आ रही होंगी। एक बार फिर से इन पंक्तियों को पढ़िए–

इस स्वतंत्रता-महायज्ञ में कई वीरवर आए काम,
नाना धुंधूपंत, ताँतिया, चतुर अज़ीमुल्ला सरनाम।
अहमद शाह मौलवी, ठाकुर कुँवर सिंह सैनिक अभिराम,
भारत के इतिहास-गगन में अमर रहेंगे जिनके नाम।।

यहाँ स्वतंत्रता संग्राम के उसी वीर कुँवर सिंह के बारे में जानकारी दी जा रही है। सन् 1857 के व्यापक सशस्त्र-विद्रोह ने भारत में ब्रिटिश शासन की जड़ों को हिला दिया। भारत में ब्रिटिश शासन ने जिस दमन नीति को आरंभ किया उसके विरुद्ध विद्रोह शुरू हो गया था। मार्च 1857 में बैरकपुर में अंग्रेज़ों के विरुद्ध बगावत करने पर मंगल पांडे को 8 अप्रैल 1857 को फाँसी दे दी गई। 10 मई 1857 को मेरठ में भारतीय सैनिकों ने ब्रिटिश अधिकारियों के विरुद्ध आंदोलन किया और सीधे दिल्ली की ओर कूच कर गए। दिल्ली में तैनात सैनिकों के साथ मिलकर 11 मई को उन्होंने दिल्ली पर कब्ज़ा कर लिया और अंतिम मुगल शासक बहादुरशाह ज़फ़र को भारत का शासक घोषित कर दिया। यह विद्रोह जंगल की आग की भाँति दूर-दूर तक फैल

कुँवर सिंह

बेगम हज़रत महल

गया। कई महीनों तक उत्तरी और मध्य भारत के विस्तृत भूभाग पर विद्रोहियों का कब्ज़ा रहा।

दिल्ली के अतिरिक्त जहाँ अत्यधिक भीषण युद्ध हुआ, वे केंद्र थे–कानपुर, लखनऊ, बरेली, बुंदेलखंड और आरा। इसके साथ ही देश के अन्य कई भागों में भी स्थानीय विद्रोह हुए। विद्रोह के मुख्य नेताओं में नाना साहेब, ताँत्या टोपे, बख्त खान, अज़ीमुल्ला खान, रानी लक्ष्मीबाई, बेगम हज़रत महल, कुँवर सिंह, मौलवी अहमदुल्लाह, बहादुर खान और राव तुलाराम थे। 1857 का आंदोलन स्वतंत्रता प्राप्ति की दिशा में एक दृढ़ कदम था। आगे चलकर जिस राष्ट्रीय एकता और आंदोलन की नींव पड़ी, उसकी आधारभूमि को निर्मित करने का काम 1857 के आंदोलन ने किया। भारत में सांप्रदायिक सद्भाव को बढ़ाने की दिशा में भी इस आंदोलन का विशेष महत्त्व है।

1857 के आंदोलन में वीर कुँवर सिंह का नाम कई दृष्टियों से उल्लेखनीय है। कुँवर सिंह जैसे वयोवृद्ध व्यक्ति ने ब्रिटिश शासन के खिलाफ़ बहादुरी के साथ युद्ध किया।

वीर कुँवर सिंह के बचपन के बारे में बहुत अधिक जानकारी नहीं मिलती। कहा जाता है कि कुँवर सिंह का जन्म बिहार में शाहाबाद ज़िले के जगदीशपुर में सन् 1782 ई० में हुआ था। उनके पिता का नाम साहबज़ादा सिंह और माता का नाम पंचरतन कुँवर था। उनके पिता साहबज़ादा सिंह जगदीशपुर रियासत के ज़मींदार थे, परंतु उनको अपनी ज़मींदारी हासिल करने में बहुत संघर्ष करना पड़ा। पारिवारिक उलझनों के कारण कुँवर सिंह के पिता बचपन में उनकी ठीक से देखभाल नहीं कर सके। जगदीशपुर लौटने के बाद ही वे कुँवर सिंह की पढ़ाई–लिखाई की ठीक से व्यवस्था कर पाए।

कुँवर सिंह के पिता वीर होने के साथ-साथ स्वाभिमानी एवं उदार स्वभाव के व्यक्ति थे। उनके व्यक्तित्व का प्रभाव कुँवर सिंह पर भी पड़ा। कुँवर सिंह की शिक्षा-दीक्षा की व्यवस्था उनके पिता ने घर पर ही की, वहीं उन्होंने हिंदी,

बहादुरशाह ज़फ़र

संस्कृत और फ़ारसी सीखी। परंतु पढ़ने-लिखने से अधिक उनका मन घुड़सवारी, तलवारबाज़ी और कुश्ती लड़ने में लगता था।

बाबू कुँवर सिंह ने अपने पिता की मृत्यु के बाद सन् 1827 में अपनी रियासत की ज़िम्मेदारी सँभाली। उन दिनों ब्रिटिश हुकूमत का अत्याचार चरम सीमा पर था। इससे लोगों में ब्रिटिश हुकूमत के खिलाफ़ भयंकर असंतोष उत्पन्न हो रहा था। कृषि, उद्योग और व्यापार का तो बहुत ही बुरा हाल था। रजवाड़ों के राजदरबार भी समाप्त हो गए थे। भारतीयों को अपने ही देश में महत्त्वपूर्ण और ऊँची नौकरियों से वंचित कर दिया गया था। इससे ब्रिटिश सत्ता के विरुद्ध देशव्यापी संघर्ष की स्थिति बन गई थी। ऐसी स्थिति में कुँवर सिंह ने ब्रिटिश हुकूमत से लोहा लेने का संकल्प लिया।

जगदीशपुर के जंगलों में 'बसुरिया बाबा' नाम के एक सिद्ध संत रहते थे। उन्होंने ही कुँवर सिंह में देशभक्ति एवं स्वाधीनता की भावना उत्पन्न की थी। उन्होंने बनारस, मथुरा, कानपुर, लखनऊ आदि स्थानों पर जाकर विद्रोह की सक्रिय योजनाएँ बनाईं। वे 1845 से 1846 तक काफ़ी सक्रिय रहे और गुप्त ढंग से ब्रिटिश हुकूमत के खिलाफ़ विद्रोह की योजना बनाते रहे। उन्होंने बिहार के प्रसिद्ध सोनपुर मेले को अपनी गुप्त बैठकों की योजना के लिए चुना। सोनपुर के मेले को एशिया का सबसे बड़ा पशु मेला माना जाता है। यह मेला कार्तिक पूर्णिमा के अवसर पर लगता है। यह हाथियों के क्रय-विक्रय के लिए भी विख्यात है। इसी ऐतिहासिक मेले में उन दिनों स्वाधीनता के लिए लोग एकत्र होकर क्रांति के बारे में योजना बनाते थे।

25 जुलाई 1857 को दानापुर की सैनिक टुकड़ी ने विद्रोह कर दिया और सैनिक सोन नदी पार कर आरा की ओर चल पड़े। कुँवर सिंह से उनका संपर्क पहले से ही था। इस मुक्तिवाहिनी के सभी बागी सैनिकों ने कुँवर सिंह का जयघोष करते हुए आरा पहुँचकर जेल की सलाखें तोड़ दीं और कैदियों को आज़ाद कर दिया। 27 जुलाई 1857 को कुँवर सिंह ने आरा पर विजय प्राप्त की। सिपाहियों ने उन्हें फ़ौजी सलामी दी। यद्यपि कुँवर सिंह बूढ़े हो चले थे परंतु वह

मंगल पांडे

बूढ़ा शूरवीर इस अवस्था में भी युद्ध के लिए तत्पर हो गया और आरा क्रांति का महत्त्वपूर्ण केंद्र बन गया।

दानापुर और आरा की इस लड़ाई की ज्वाला बिहार में सर्वत्र व्याप्त हो गई थी। लेकिन देशी सैनिकों में अनुशासन की कमी, स्थानीय ज़मींदारों का अंग्रेज़ों के साथ सहयोग करना एवं आधुनिकतम शस्त्रों की कमी के कारण जगदीशपुर का पतन रोका न जा सका। 13 अगस्त को जगदीशपुर में कुँवर सिंह की सेना अंग्रेज़ों से परास्त हो गई। किंतु इससे वीरवर कुँवर सिंह का आत्मबल टूटा नहीं और वे भावी संग्राम की योजना बनाने में तत्पर हो गए। वे क्रांति के अन्य संचालक नेताओं से मिलकर इस आज़ादी की लड़ाई को आगे बढ़ाना चाहते थे। कुँवर सिंह सासाराम से मिर्ज़ापुर होते हुए रीवा, कालपी, कानपुर एवं लखनऊ तक गए। लखनऊ में शांति नहीं थी इसलिए बाबू कुँवर सिंह ने आज़मगढ़ की ओर प्रस्थान किया। उन्होंने आज़ादी की इस आग को बराबर जलाए रखा। उनकी वीरता की कीर्ति पूरे उत्तर भारत में फैल गई। कुँवर सिंह की इस विजय यात्रा से अंग्रेज़ों के होश उड़ गए। कई स्थानों के सैनिक एवं राजा कुँवर सिंह की अधीनता में लड़े। उनकी यह आज़ादी की यात्रा आगे बढ़ती रही, लोग शामिल होते गए और उनकी अगुवाई में लड़ते रहे। इस प्रकार ग्वालियर, जबलपुर के सैनिकों के सहयोग से सफल सैन्य रणनीति का प्रदर्शन करते हुए वे लखनऊ पहुँचे।

आज़मगढ़ की ओर जाने का उनका उद्देश्य था–इलाहाबाद एवं बनारस पर आक्रमण कर शत्रुओं को पराजित करना और अंततः जगदीशपुर पर अधिकार करना। अंग्रेज़ों और कुँवर सिंह की सेना के बीच घमासान युद्ध हुआ। उन्होंने 22 मार्च 1858 को आज़मगढ़ पर कब्ज़ा कर लिया। अंग्रेज़ों ने दोबारा आज़मगढ़ पर आक्रमण किया। कुँवर सिंह ने एक बार फिर आज़मगढ़ में अंग्रेज़ों को हराया। इस प्रकार अंग्रेज़ी सेना को परास्त कर वीर कुँवर सिंह 23 अप्रैल 1858 को स्वाधीनता की विजय पताका फहराते हुए जगदीशपुर पहुँच गए। किंतु इस बूढ़े शेर को बहुत अधिक दिनों तक इस विजय का आनंद लेने का सौभाग्य न मिला। इसी दिन विजय उत्सव मनाते हुए लोगों ने यूनियन जैक (अंग्रेज़ों का झंडा) उतारकर अपना झंडा फहराया। इसके तीन दिन बाद ही 26 अप्रैल 1858 को यह वीर इस संसार से विदा होकर अपनी अमर कहानी छोड़ गया।

स्वाधीनता सेनानी वीर कुँवर सिंह युद्ध-कला में पूरी तरह कुशल थे। छापामार युद्ध करने में उन्हें महारत हासिल थी। कुँवर सिंह के रणकौशल को अंग्रेज़ी सेनानायक समझने में पूर्णत: असमर्थ थे। दुश्मन को उनके सामने से या तो भागना पड़ता था या कट मरना पड़ता था। 1857 के स्वतंत्रता संग्राम में इन्होंने तलवार की जिस धार से अंग्रेज़ी सेना को मौत के घाट उतारा उसकी चमक आज भी भारतीय इतिहास के पृष्ठों पर अंकित है। उनकी बहादुरी के बारे में अनेक किस्से प्रचलित हैं।

कहा जाता है एक बार वीर कुँवर सिंह को अपनी सेना के साथ गंगा पार करनी थी। अंग्रेज़ी सेना निरंतर उनका पीछा कर रही थी, पर कुँवर सिंह भी कम चतुर नहीं थे। उन्होंने अफ़वाह फैला दी कि वे अपनी सेना को बलिया के पास हाथियों पर चढ़ाकर पार कराएँगे। फिर क्या था, अंग्रेज़ सेनापति डगलस बहुत बड़ी सेना लेकर बलिया के निकट गंगा तट पर पहुँचा और कुँवर सिंह की प्रतीक्षा करने लगा। कुँवर सिंह ने बलिया से सात मील दूर शिवराजपुर नामक स्थान पर अपनी सेना को नावों से गंगा पार करा दिया। जब डगलस को इस घटना की सूचना मिली तो वह भागते हुए शिवराजपुर पहुँचा, पर कुँवर सिंह की तो पूरी सेना गंगा पार कर चुकी थी। एक अंतिम नाव रह गई थी और कुँवर सिंह उसी पर सवार थे। अंग्रेज़ सेनापति डगलस को अच्छा मौका मिल गया। उसने गोलियाँ बरसानी आरंभ कर दीं, तब कुँवर सिंह के बाएँ हाथ की कलाई को भेदती हुई एक गोली निकल गई। कुँवर सिंह को लगा कि अब हाथ तो बेकार हो ही गया और गोली का ज़हर भी फैलेगा, उसी क्षण उन्होंने गंगा मैया की ओर भावपूर्ण नेत्रों से देखा और अपने बाएँ हाथ को काटकर गंगा मैया को अर्पित कर दिया। कुँवर सिंह ने अपने ओजस्वी स्वर में कहा, "हे गंगा मैया! अपने प्यारे की यह अकिंचन भेंट स्वीकार करो।"

वीर कुँवर सिंह ने ब्रिटिश हुकूमत के साथ लोहा तो लिया ही उन्होंने अनेक सामाजिक कार्य भी किए। आरा ज़िला स्कूल के लिए ज़मीन दान में दी जिस पर स्कूल के भवन का निर्माण किया गया। कहा जाता है कि उनकी आर्थिक स्थिति बहुत अच्छी नहीं थी, फिर भी वे निर्धन व्यक्तियों की सहायता करते थे। उन्होंने अपने इलाके में अनेक सुविधाएँ प्रदान की थीं। उनमें से एक है–आरा-जगदीशपुर सड़क और आरा-बलिया सड़क का निर्माण। उस समय जल की पूर्ति के लिए लोग कुएँ खुदवाते थे और तालाब बनवाते थे। वीर कुँवर सिंह ने अनेक कुएँ खुदवाए और जलाशय भी बनवाए।

कुँवर सिंह उदार एवं अत्यंत संवेदनशील व्यक्ति थे। इब्राहीम खाँ और किफ़ायत हुसैन उनकी सेना में उच्च पदों पर आसीन थे। उनके यहाँ हिंदुओं और मुसलमानों के सभी त्योहार एक साथ मिलकर मनाए जाते थे। उन्होंने पाठशालाएँ और मकतब भी बनवाए। बाबू कुँवर सिंह की लोकप्रियता इतनी थी कि बिहार की कई लोकभाषाओं में उनकी प्रशस्ति लोकगीतों के रूप में आज भी गाई जाती है। बिहार के प्रसिद्ध कवि मनोरंजन प्रसाद सिंह ने उनकी वीरता और शौर्य का वर्णन करते हुए लिखा है–

चला गया यों कुँअर अमरपुर, साहस से सब अरिदल जीत,
उसका चित्र देखकर अब भी, दुश्मन होते हैं भयभीत।
वीर-प्रसविनी-भूमि धन्य वह, धन्य वीर वह धन्य अतीत,
गाते थे और गावेंगे हम, हरदम उसकी जय का गीत।
स्वतंत्रता का सैनिक था, आज़ादी का दीवाना था,
सब कहते हैं कुँअर सिंह भी, बड़ा वीर मरदाना था।।

प्रश्न-अभ्यास

निबंध से

1. वीर कुँवर सिंह के व्यक्तित्व की कौन-कौन सी विशेषताओं ने आपको प्रभावित किया?
2. कुँवर सिंह को बचपन में किन कामों में मज़ा आता था? क्या उन्हें उन कामों से स्वतंत्रता सेनानी बनने में कुछ मदद मिली?
3. सांप्रदायिक सद्भाव में कुँवर सिंह की गहरी आस्था थी–पाठ के आधार पर कथन की पुष्टि कीजिए।
4. पाठ के किन प्रसंगों से आपको पता चलता है कि कुँवर सिंह साहसी, उदार एवं स्वाभिमानी व्यक्ति थे?
5. आमतौर पर मेले मनोरंजन, खरीद फ़रोख्त एवं मेलजोल के लिए होते हैं। वीर कुँवर सिंह ने मेले का उपयोग किस रूप में किया?

निबंध से आगे

1. सन् 1857 के आंदोलन में भाग लेनेवाले किन्हीं चार सेनानियों पर दो-दो वाक्य लिखिए।
2. सन् 1857 के क्रांतिकारियों से संबंधित गीत विभिन्न भाषाओं और बोलियों में गाए जाते हैं। ऐसे कुछ गीतों को संकलित कीजिए।

अनुमान और कल्पना

1. वीर कुँवर सिंह का पढ़ने के साथ-साथ कुश्ती और घुड़सवारी में अधिक मन लगता था। आपको पढ़ने के अलावा और किन-किन गतिविधियों या कामों में खूब मज़ा आता है? लिखिए।
2. सन् 1857 में अगर आप 12 वर्ष के होते तो क्या करते? कल्पना करके लिखिए।
3. अनुमान लगाइए, स्वाधीनता की योजना बनाने के लिए सोनपुर के मेले को क्यों चुना गया होगा?

भाषा की बात

■ आप जानते हैं कि किसी शब्द को बहुवचन में प्रयोग करने पर उसकी वर्तनी में बदलाव आता है। जैसे–**सेनानी** एक व्यक्ति के लिए प्रयोग करते हैं और **सेनानियों** एक से अधिक के लिए। सेनानी शब्द की वर्तनी में बदलाव यह हुआ है कि अंत के वर्ण 'नी' की मात्रा दीर्घ 'ी' (ई) से ह्रस्व 'ि' (इ) हो गई है। ऐसे शब्दों को, जिनके अंत में दीर्घ ईकार होता है, बहुवचन बनाने पर वह इकार हो जाता है, यदि शब्द के अंत में ह्रस्व इकार होता है, तो उसमें परिवर्तन नहीं होता जैसे–दृष्टि से दृष्टियों।

- नीचे दिए गए शब्दों का वचन बदलिए–

नीति..............	ज़िम्मेदारियों..............	सलामी..............
स्थिति..............	स्वाभिमानियों..............	गोली..............

0750CH18

संघर्ष के कारण मैं तुनुकमिज़ाज हो गया : धनराज

14

हॉकी के सुप्रसिद्ध खिलाड़ी धनराज पिल्लै जब पैतींस वर्ष के हो गए, उनका एक साक्षात्कार विनीता पाण्डेय ने लिया था। इस साक्षात्कार का संपादित अंश यहाँ दिया जा रहा है।

विनीता– खिड़की, पुणे की तंग गलियों से लेकर मुंबई के हीरानंदानी पवई कॉम्प्लेक्स तक आपका सफ़र बहुत लंबा और कष्टसाध्य रहा है। उस सफ़र के बारे में कुछ बताएँ।

धनराज– बचपन मुश्किलों से भरा रहा। हम बहुत गरीब थे। मेरे दोनों बड़े भाई हॉकी खेलते थे। उन्हीं के चलते मुझे भी उसका शौक हुआ। पर, हॉकी-स्टिक खरीदने तक की हैसियत नहीं थी मेरी। इसलिए अपने साथियों की स्टिक उधार माँगकर काम चलाता था। वह मुझे तभी मिलती, जब वे खेल चुके होते थे। इसके लिए बहुत धीरज के साथ अपनी बारी का इंतज़ार करना पड़ता था। मुझे अपनी पहली स्टिक तब मिली, जब मेरे बड़े भाई को भारतीय कैंप के लिए चुन लिया गया। उसने मुझे अपनी पुरानी स्टिक दे दी। वह नयी तो नहीं थी लेकिन मेरे लिए बहुत कीमती थी, क्योंकि वह मेरी अपनी थी।

मैंने अपनी जूनियर राष्ट्रीय हॉकी सन् 1985 में मणिपुर में खेली। तब मैं सिर्फ़ 16 साल का था–देखने में दुबला-पतला और छोटे बच्चे

धनराज पिल्लै के व्यक्तित्व को रेखांकित करते हुए विनीता पाण्डेय ने लिखा है–'वह आपको कभी हँसाता है, कभी रुलाता है, कभी विस्मय से भर देता है, तो कभी खीझ से भी। उसके व्यक्तित्व में कई रंग हैं और कई भाव। उसने ठेठ ज़मीन से उठकर आसमान का सितारा बनने की यात्रा तय की है।'

जैसा चेहरा...। अपनी दुबली कद-काठी के बावजूद मेरा ऐसा दबदबा था कि कोई मुझसे भिड़ने की कोशिश नहीं करता था। मैं बहुत जुझारू था–मैदान में भी और मैदान से बाहर भी। 1986 में मुझे सीनियर टीम में डाल दिया गया और मैं बोरिया-बिस्तरा बाँधकर मुंबई चला आया। उस साल मैंने और मेरे बड़े भाई रमेश ने मुंबई लीग में बेहतरीन खेल खेला–हमने खूब धूम मचाई। इसी के चलते मेरे अंदर एक उम्मीद जागी कि मुझे ओलंपिक (1988) के लिए नेशनल कैंप से बुलावा ज़रूर आएगा, पर नहीं आया। मेरा नाम 57 खिलाड़ियों की लिस्ट में भी नहीं था। बड़ी मायूसी हुई। मगर एक साल बाद ही ऑलविन एशिया कप के कैंप के लिए मुझे चुन लिया गया। तब से लेकर आज तक मैंने पीछे मुड़कर नहीं देखा।

विनीता– आपका विद्यार्थी जीवन कैसा रहा? अपने स्कूल के दिनों से आपकी किस प्रकार की यादें जुड़ी हैं?

धनराज– मैं पढ़ने में एकदम फिसड्डी था। किसी तरह दसवीं तक पहुँचा, मगर उसके आगे तो मामला बहुत कठिन था। एक बात कहूँ–अगर मैं हॉकी खिलाड़ी न होता तो शायद एक चपरासी की नौकरी भी मुझे न मिलती। आज मैं बैचलर ऑफ़ साइंस या आर्ट्स भले ही न होऊँ पर गर्व से कह सकता हूँ कि मैं बैचलर ऑफ़ हॉकी हूँ। (हँसते हुए)...और मेरी शादी के लिए आप मुझे मास्टर ऑफ़ हॉकी कह सकते हैं।

विनीता– आप इतने तुनुकमिज़ाज क्यों हैं? कभी-कभी आप आक्रामक भी हो जाते हैं!

धनराज– इस बात का संबंध मेरे बचपन से जुड़ा हुआ है। मैं हमेशा से ही अपने आपको बहुत असुरक्षित महसूस करता रहा। मैंने अपनी माँ को

देखा है कि उन्हें हमारे पालन-पोषण में कितना संघर्ष करना पड़ा है। मेरी तुनुकमिज़ाजी के पीछे कई वजहें हैं। लेकिन मैं बिना लाग-लपेट वाला आदमी हूँ। मन में जो आता है, सीधे-सीधे कह डालता हूँ और बाद को कई बार पछताना भी पड़ता है। मुझसे अपना गुस्सा रोका नहीं जाता। दूसरे लोगों को भी मुझे उकसाने में मज़ा आता है। मुझे ज़िंदगी में हर छोटी-बड़ी चीज़ के लिए जूझना पड़ा, जिससे मैं चिड़चिड़ा हो गया हूँ। साथ-ही-साथ मैं बहुत भावुक इनसान भी हूँ। मैं किसी को तकलीफ़ में नहीं देख सकता। मैं अपने दोस्तों और अपने परिवार की बहुत कद्र करता हूँ। मुझे अपनी गलतियों के लिए माफ़ी माँगने में कोई शरम महसूस नहीं होती।

विनीता– आपके परिवार की आपके लिए क्या अहमियत है?

धनराज– सबसे अधिक प्रेरणा मुझे अपनी माँ से मिली। उन्होंने हम सब भाई-बहनों में अच्छे संस्कार डालने की कोशिश की। मैं उनके सबसे नज़दीक हूँ। मैं चाहे भारत में रहूँ या विदेश में, रोज़ रात में सोने से पहले माँ से ज़रूर बात करता हूँ। मेरी माँ ने मुझे अपनी प्रसिद्धि को विनम्रता के साथ सँभालने की सीख दी है। मेरी सबसे बड़ी भाभी कविता भी मेरे लिए माँ की तरह हैं और वह भी मेरे लिए प्रेरणा-स्रोत रही हैं।

विनीता– आपने सबसे पहले कृत्रिम घास (एस्ट्रो टर्फ़) पर हॉकी कब खेली?

धनराज– मैंने सबसे पहले कृत्रिम घास तब देखी जब राष्ट्रीय खेलों (नेशनल्स) में भाग लेने 1988 में नयी दिल्ली आया। मुझे याद है कि किस तरह सोमय्या और जोक्विम कार्वाल्हो मुझे एक कोने में ले जाकर कृत्रिम घास पर खेलने के गुर बता रहे थे। और जब वे बताने में लगे हुए थे, मैं झुक-झुककर उस मैदान को छू रहा था। मुझे विश्वास ही नहीं हो रहा था कि विज्ञान इस कदर तरक्की कर सकता है, जिससे कृत्रिम घास तक उगाई जा सके!

विनीता– हर युवक का यह सपना होता है कि उसके पास एक कार हो। आपके पास अपनी पहली कार कब आई?

धनराज– मेरी पहली कार एक सेकेंड हैंड अरमाडा थी, जो मुझे मेरे पहले के इम्प्लॉयर ने दी थी। तब तक मैं काफ़ी नामी खिलाड़ी बन चुका था। मगर यह कोई ज़रूरी नहीं कि शोहरत पैसा साथ लेकर आए! मैं तब भी मुंबई की लोकल ट्रेनों और बसों में सफ़र करता था। क्योंकि टैक्सी में चढ़ने की हैसियत मुझमें नहीं थी। मुझे याद है, एक बार किसी फ़ोटोग्राफ़र ने एक भीड़ से भरे रेलवे स्टेशन पर मेरी तसवीर खींचकर अगली सुबह अखबार में यह खबर छाप दी कि 'हॉकी का सितारा पिल्लै अभी भी मुंबई की लोकल ट्रेनों में सफ़र करता है।' उस दिन मैंने महसूस किया कि मैं एक मशहूर चेहरा बन चुका हूँ और मुझे लोकल ट्रेनों में सफ़र करने से बचना चाहिए। लेकिन मैं कर ही क्या सकता था? मैं जो भी थोड़ा बहुत कमाता, उससे अपना परिवार चलाना पड़ता था। धीरे-धीरे पैसे जमा करके बहन की शादी की और अपनी माँ के लिए हर महीने पुणे पैसा भेजना शुरू किया। आज मेरे पास एक फ़ोर्ड आइकॉन है, जिसे मैंने सन् 2000 में खरीदा था। मगर वह किसी कॉरपोरेट हाउस का दिया हुआ तोहफ़ा नहीं, बल्कि मेरी मेहनत की गाढ़ी कमाई से खरीदी हुई कार है।

विनीता– सफलता का आपके लिए क्या महत्त्व है? हॉकी को आपने इतना कुछ दिया, इसके बदले आपको क्या मिला?

धनराज– कुछ रुपये ईनाम में मिले थे, मगर आज खिलाड़ियों को जितना मिलता है, उसके मुकाबले में पहले कुछ नहीं मिलता था। मेरी पहली ज़िम्मेदारी थी परिवार में आर्थिक तंगी को दूर करना और उन सबको एक बेहतर ज़िंदगी देना। विदेश में जाकर खेलने से जो कमाई हुई, उससे मैंने 1994 में पुणे के भाऊ पाटिल रोड पर दो बेडरूम का एक छोटा सा फ़्लैट खरीदा। घर छोटा ज़रूर है पर हम सबके लिए काफ़ी है। 1999 में महाराष्ट्र सरकार ने मुझे पवई में एक फ़्लैट दिया। वह ऐसा घर है जिसे खरीदने की मेरी खुद की हैसियत कभी नहीं हो पाती।

विनीता– सेलेब्रिटीज़ के साथ एक ही मंच पर बैठना कैसा लगता है?

धनराज– बहुत अच्छा! जब हम राष्ट्रपति से मिले तब यह महसूस हुआ कि हम कितने खास हैं। हॉकी ही है जिसके चलते हर जगह प्रतिष्ठा मिली।

प्रश्न-अभ्यास

साक्षात्कार से

1. साक्षात्कार पढ़कर आपके मन में धनराज पिल्लै की कैसी छवि उभरती है? वर्णन कीजिए।
2. धनराज पिल्लै ने ज़मीन से उठकर आसमान का सितारा बनने तक की यात्रा तय की है। लगभग सौ शब्दों में इस सफ़र का वर्णन कीजिए।
3. 'मेरी माँ ने मुझे अपनी प्रसिद्धि को विनम्रता से सँभालने की सीख दी है'– धनराज पिल्लै की इस बात का क्या अर्थ है?

साक्षात्कार से आगे

1. ध्यानचंद को हॉकी का जादूगर कहा जाता है। क्यों? पता लगाइए।

2. किन विशेषताओं के कारण हॉकी भारत का राष्ट्रीय खेल माना जाता है?
3. आप समाचार-पत्रों, पत्रिकाओं में छपे हुए साक्षात्कार पढ़ें और अपनी रुचि से किसी व्यक्ति को चुनें, उसके बारे में जानकारी प्राप्त कर कुछ प्रश्न तैयार करें और साक्षात्कार लें।

अनुमान और कल्पना

1. 'यह कोई ज़रूरी नहीं कि शोहरत पैसा भी साथ लेकर आए'—क्या आप धनराज पिल्लै की इस बात से सहमत हैं? अपने अनुभव और बड़ों से बातचीत के आधार पर लिखिए।
2. (क) अपनी गलतियों के लिए माफ़ी माँगना आसान होता है या मुश्किल?
   (ख) क्या आप और आपके आसपास के लोग अपनी गलतियों के लिए माफ़ी माँग लेते हैं?
   (ग) माफ़ी माँगना मुश्किल होता है या माफ़ करना? अपने अनुभव के आधार पर लिखिए।

भाषा की बात

1. नीचे कुछ शब्द लिखे हैं जिनमें अलग-अलग प्रत्ययों के कारण बारीक अंतर है। इस अंतर को समझाने के लिए इन शब्दों का वाक्य में प्रयोग कीजिए—

प्रेरणा	प्रेरक	प्रेरित
संभव	संभावित	संभवत:
उत्साह	उत्साहित	उत्साहवर्धक

2. **तुनुकमिज़ाज** शब्द **तुनुक** और **मिज़ाज** दो शब्दों के मिलने से बना है। **क्षणिक**, **तनिक** और **तुनुक** एक ही शब्द के भिन्न रूप हैं। इस प्रकार का रूपांतर दूसरे शब्दों में भी होता है, जैसे—बादल, बादर, बदरा, बदरिया; मयूर, मयूरा, मोर; दर्पण, दर्पन, दरपन। शब्दकोश की सहायता लेकर एक ही शब्द के दो या दो से अधिक रूपों को खोजिए। कम-से-कम चार शब्द और उनके अन्य रूप लिखिए।
3. हर खेल के अपने नियम, खेलने के तौर-तरीके और अपनी शब्दावली होती है। जिस खेल में आपकी रुचि हो उससे संबंधित कुछ शब्दों को लिखिए, जैसे—फुटबॉल के खेल से संबंधित शब्द हैं—गोल, बैकिंग, पासिंग, बूट इत्यादि।

हमारी ख़्वाहिश

केवल पढ़ने के लिए

सरफ़रोशी की तमन्ना, अब हमारे दिल में है,
देखना है ज़ोर कितना, बाज़ू-ए-क़ातिल में है।

रहबरे राहे मुहब्बत, रह न जाना राह में,
लज़्ज़ते सहरा नवर्दी, दूरी-ए-मंज़िल में है।

वक़्त आने दे, बता देंगे तुझे, ऐ आसमाँ!
हम अभी से क्या बताएँ, क्या हमारे दिल में है!

अब न अगले वलवले हैं, और न अरमानों की भीड़,
एक मिट जाने की हसरत, अब दिले 'बिस्मिल' में है।

आज मक़तल में ये क़ातिल, कह रहा है बार-बार,
क्या तमन्ना-ए-शहादत, भी किसी के दिल में है!

ऐ शहीदे-मुल्को-मिल्लत, तेरे जज़्बों के निसार,
तेरी क़ुर्बानी का चर्चा, ग़ैर की महफ़िल में है।

❑ रामप्रसाद *'बिस्मिल'*

0750CH19

आश्रम का अनुमानित व्यय 15

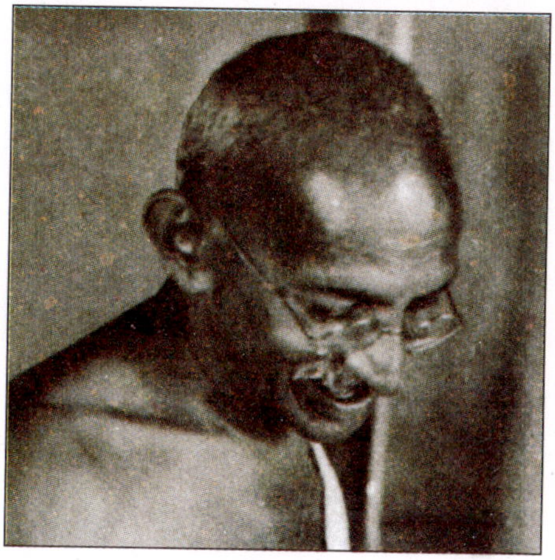

आरंभ में संस्था (आश्रम) में चालीस लोग होंगे। कुछ समय में इस संख्या के पचास हो जाने की संभावना है।

हर महीने औसतन दस अतिथियों के आने की संभावना है। इनमें तीन या पाँच सपरिवार होंगे, इसलिए स्थान की व्यवस्था ऐसी होनी चाहिए कि परिवारवाले लोग अलग रह सकें और शेष एक साथ।

इसको ध्यान में रखते हुए तीन रसोईघर हों और मकान कुल पचास हज़ार वर्ग फुट क्षेत्रफल में बने तो सब लोगों के लायक जगह हो जाएगी।

इसके अलावा तीन हज़ार पुस्तकें रखने लायक पुस्तकालय और अलमारियाँ होनी चाहिए।

दक्षिण अफ्रीका से लौटकर गांधी जी ने अहमदाबाद में एक आश्रम की स्थापना की, उसके प्रारंभिक सदस्यों तथा सामान आदि का विवरण इस पाठ में है।

कम-से-कम पाँच एकड़ ज़मीन खेती करने के लिए चाहिए, जिसमें कम-से-कम तीस लोग काम कर सकें, इतने खेती के औज़ार चाहिए। इनमें कुदालियों, फावड़ों और खुरपों की ज़रूरत होगी।

बढ़ईगिरी के निम्नलिखित औज़ार भी होने चाहिए—पाँच बड़े हथौड़े, तीन बसूले, पाँच छोटी

हथौड़ियाँ, दो एरन, तीन बम, दस छोटी-बड़ी छेनियाँ, चार रंदे, एक सालनी, चार केतियाँ, चार छोटी-बड़ी बेधनियाँ, चार आरियाँ, पाँच छोटी-बड़ी संड़ासियाँ, बीस रतल कीलें-छोटी और बड़ी, एक मोंगरा (लकड़ी का हथौड़ा), मोची के औज़ार।

मेरे अनुमान से इन सब पर कुल पाँच रुपया खर्च आएगा।

रसोई के लिए आवश्यक सामान पर एक सौ पचास रुपये खर्च आएगा।

स्टेशन दूर होगा तो सामान को या मेहमानों को लाने के लिए बैलगाड़ी चाहिए।

मैं खाने का खर्च दस रुपये मासिक प्रति व्यक्ति लगाता हूँ। मैं नहीं समझता कि हम यह खर्च पहले वर्ष में निकाल सकेंगे। वर्ष में औसतन पचास लोगों का खर्च छह हज़ार रुपये आएगा।

मुझे मालूम हुआ है कि प्रमुख लोगों की इच्छा यह है कि अहमदाबाद में यह प्रयोग एक वर्ष तक किया जाए। यदि ऐसा हो तो अहमदाबाद को ऊपर बताया गया सब खर्च उठाना चाहिए। मेरी माँग तो यह भी है कि अहमदाबाद मुझे पूरी ज़मीन और मकान सभी दे दे तो बाकी खर्च मैं कहीं और से या दूसरी तरह जुटा लूँगा। अब चूँकि विचार बदल गया है, इसलिए ऐसा लगता है कि एक वर्ष का या इससे कुछ कम दिनों का खर्च अहमदाबाद को उठाना चाहिए। यदि अहमदाबाद एक वर्ष के खर्च का बोझ उठाने के लिए तैयार न हो, तो ऊपर बताए गए खाने के खर्च का इंतज़ाम मैं कर सकता हूँ। चूँकि मैंने खर्च का यह अनुमान जल्दी में तैयार किया है, इसलिए यह संभव है कि कुछ मदें मुझसे छूट गई हों। इसके अतिरिक्त खाने के खर्च के सिवा मुझे स्थानीय स्थितियों की जानकारी नहीं है। इसलिए मेरे अनुमान में भूलें भी हो सकती हैं।

यदि अहमदाबाद सब खर्च उठाए तो विभिन्न मदों में खर्च इस तरह होगा-

- किराया-बंगला और खेत की ज़मीन
- किताबों की अलमारियों का खर्च
- बढ़ई के औज़ार
- मोची के औज़ार

अहमदाबाद में स्थापित आश्रम का संविधान स्वयं गांधी जी ने तैयार किया था। इस संविधान के मसविदे से पता चलता है कि वह भारतीय जीवन का निर्माण किस प्रकार करना चाहते थे।

घरेलू सामान

चार पतीले–चालीस आदमियों का खाना बनाने के योग्य; दो छोटी पतीलियाँ–दस आदमियों के योग्य; तीन पानी भरने के पतीले या ताँबे के कलशे; चार मिट्टी के घड़े; चार तिपाइयाँ; एक कढ़ाई; दस रतल खाना पकाने योग्य; तीन कलछियाँ; दो आटा गूँधने की परातें; एक पानी गरम करने का बड़ा पतीला; तीन केतलियाँ; पाँच बाल्टियाँ या नहाने का पानी रखने के बरतन; पाँच पतीले के ढक्कन; पाँच अनाज रखने के बरतन; तीन तइयाँ; दस थालियाँ; दस कटोरियाँ; दस गिलास; दस प्याले; चार कपड़े धोने के टब; दो छलनियाँ; एक पीतल की छलनी; तीन चक्कियाँ; दस चम्मच; एक करछा; एक इमामदस्ता–मूसली; तीन झाड़ू; छह कुरसियाँ; तीन मेज़ें; छह किताबें रखने की अलमारियाँ; तीन दवातें; छह काले तख्ते; छह रैक; तीन भारत के नक्शे; तीन दुनिया के नक्शे; दो बंबई अहाते के नक्शे; एक गुजरात का नक्शा; पाँच हाथकरघे; बढ़ई के औज़ार; मोची के औज़ार; खेती के औज़ार; चार चारपाइयाँ; एक गाड़ी; पाँच लालटेन; तीन कमोड; दस गद्दे; तीन चैंबर पॉट; चार सड़क की बत्तियाँ। *(वैशाख बदी तेरह, मंगलवार, 11 मई, 1915)*

- चौके का सामान
- एक बैलगाड़ी या घोड़ागाड़ी
- एक वर्ष के लिए खाने का खर्च–छह हज़ार रुपया

मेरा खयाल है कि हमें लुहार और राजमिस्त्री के औज़ारों की भी ज़रूरत होगी। दूसरे बहुत से औज़ार भी चाहिए, किंतु इस हिसाब से मैंने उनका खर्च और शिक्षण-संबंधी सामान का खर्च शामिल नहीं किया है। शिक्षण के सामान में पाँच-छह देशी हथकरघों की आवश्यकता होगी।

❑ ***मोहनदास करमचंद गांधी***

प्रश्न-अभ्यास

लेखा-जोखा

1. हमारे यहाँ बहुत से काम लोग खुद नहीं करके किसी पेशेवर कारीगर से करवाते हैं। लेकिन गांधी जी पेशेवर कारीगरों के उपयोग में आनेवाले औज़ार– छेनी, हथौड़े, बसूले इत्यादि क्यों खरीदना चाहते होंगे?
2. गांधी जी ने अखिल भारतीय कांग्रेस सहित कई संस्थाओं व आंदोलनों का नेतृत्व किया। उनकी जीवनी या उनपर लिखी गई किताबों से उन अंशों को चुनिए जिनसे हिसाब–किताब के प्रति गांधी जी की चुस्ती का पता चलता है।
3. मान लीजिए, आपको कोई बाल आश्रम खोलना है। इस बजट से प्रेरणा लेते हुए उसका अनुमानित बजट बनाइए। इस बजट में दिए गए किन–किन मदों पर आप कितना खर्च करना चाहेंगे। किन नयी मदों को जोड़ना–हटाना चाहेंगे?
4. आपको कई बार लगता होगा कि आप कई छोटे-मोटे काम (जैसे–घर की पुताई, दूध दुहना, खाट बुनना) करना चाहें तो कर सकते हैं। ऐसे कामों की सूची बनाइए, जिन्हें आप चाहकर भी नहीं सीख पाते। इसके क्या कारण रहे होंगे? उन कामों की सूची भी बनाइए, जिन्हें आप सीखकर ही छोड़ेंगे।
5. इस अनुमानित बजट को गहराई से पढ़ने के बाद आश्रम के उद्देश्यों और कार्यप्रणाली के बारे में क्या-क्या अनुमान लगाए जा सकते हैं?

भाषा की बात

1. **अनुमानित** शब्द **अनुमान** में **इत** प्रत्यय जोड़कर बना है। इत प्रत्यय जोड़ने पर अनुमान का **न नित** में परिवर्तित हो जाता है। नीचे–इत प्रत्यय वाले कुछ और शब्द लिखे हैं। उनमें मूल शब्द पहचानिए और देखिए कि क्या परिवर्तन हो रहा है–

प्रमाणित	व्यथित	द्रवित	मुखरित
झंकृत	शिक्षित	मोहित	चर्चित

इत प्रत्यय की भाँति **इक** प्रत्यय से भी शब्द बनते हैं और तब शब्द के पहले अक्षर में भी परिवर्तन हो जाता है, जैसे–**सप्ताह** + **इक** = **साप्ताहिक**। नीचे इक प्रत्यय से बनाए गए शब्द दिए गए हैं। इनमें मूल शब्द पहचानिए और देखिए कि क्या परिवर्तन हो रहा है–

मौखिक	संवैधानिक	प्राथमिक
नैतिक	पौराणिक	दैनिक

2. **बैलगाड़ी** और **घोड़ागाड़ी** शब्द दो शब्दों को जोड़ने से बने हैं। इसमें दूसरा शब्द प्रधान है, यानी शब्द का प्रमुख अर्थ दूसरे शब्द पर टिका है। ऐसे समास को तत्पुरुष समास कहते हैं। ऐसे छह शब्द और सोचकर लिखिए और समझिए कि उनमें दूसरा शब्द प्रमुख क्यों है?

शब्दकोश

यहाँ आपके लिए एक छोटा सा शब्दकोश दिया गया है। इस शब्दकोश में वे शब्द हैं जो विभिन्न पाठों तथा उससे जुड़े हुए शब्द हैं, जो आपके लिए नए हो सकते हैं। किसी-किसी शब्द के कई अर्थ होते हैं। पाठ के संदर्भ से जोड़कर आप यह अनुमान खुद लगा सकते हैं कि कौन सा अर्थ ठीक है।

तुम देखोगे कि शब्द के अर्थ से पहले विभिन्न प्रकार के अक्षर-संकेत दिए गए हैं। इन संकेतों से हमें शब्दों की व्याकरण संबंधी जानकारी मिलती है। नीचे दी गई सूची की मदद से आप इन अक्षर-संकेतों को समझ सकते हैं–

अ.	-	अव्यय	अ.क्रि.	-	अकर्मक क्रिया
क्रि.	-	क्रिया	स.क्रि.	-	सकर्मक क्रिया
सं.	-	संज्ञा	वि.	-	विशेषण
पु.	-	पुल्लिंग	फ़ा	–	फ़ारसी
स्त्री.	-	स्त्रीलिंग			

अतिशय-(वि.)बहुत

अधित्यकाएँ-(स्त्री.)पहाड़ के ऊपर की समतल भूमि, 'टेबललैंड'

अप्रतिभ-(वि.)अन्यमनस्क, उदास, निराश, हतप्रभ

आकृष्ट-(वि.)आकर्षित

आजानुलंबित केश-(वि.)घुटनों तक लंबे बाल

आर्तक्रंदन-(पु.)दर्द भरी आवाज़ में रोना

आवन-(स.क्रि.)आना

आविर्भूत-वि.(सं.)प्रकट, उत्पन्न

इंद्रनील-(पु.)नीलकांत मणि, नीलम, नीलमणि, इंद्र का प्रिय रत्न

इल्ली-(स्त्री.)तितली के बच्चों का अंडे से निकलने वाला बाद का रूप

उचारै-(स.क्रि.)उच्चारण करना

उन्मुक्त-वि.(सं.)बंधन रहित, स्वतंत्र

उपत्यकाएँ-(स्त्री.)पहाड़ के पास की भूमि, तराई, घाटी

उमग्यो-(क्रि.)उमड़ना

उरिन-(वि.) ऋण मुक्त, उऋण